まったく新しい
「地方で起業して
成功と自由を
手に入れる」方法

はじめに

岐阜出身の僕が、なぜか高知で起業して14年たった。

一人で始めた会社の社員は23人になり、50万円だった資本金は５００万円になった。

売り上げは2億円を超えた。

といっても、ちゃんとした会社にするためにはお金がかかるから、あまり儲かってはいないけれど。


僕はもともと起業家タイプではなかったと思う。

勉強ができたわけでもないし、特別な才能があったわけでもないし、運命的な出会いやドラマチックな出来事があって起業家を志したわけでもない。

起業家を「志す」なんてかっこいい場面はたぶん一度もなかったんじゃないだろうか。

ついでに言うと、事業計画書も書いたことはない。画期的なビジネスのアイデアを思いついて起業したわけでもない。

これはかっこ悪いのであまり言いたくはないのだが、特別な努力をしたわけでもない。

岐阜出身の僕が、何となく流れに任せて生きているうちに、いつの間にか高知で起業して、社長になっていた。大変なことは多いけど、何とか社長業をこなして、家族の生活を成り立たせている。

僕に特徴があったとすれば、人から指図されるのがちょっと苦手だった。それだから、「会社員を長期的に継続するのは難しかった」ことくらいだろう。

むろん、長所ではない。短所である。

起業して成功した経営者の本には、たいてい「譲れない目標」「譲れない志」があって、それに向かって突き進んできました！ という立派な話が書いてある。

僕の場合は「捨てられない短所」があったので、折り合いをつけられる道を探してきて、今は何とか生活できている。それなりに幸せに。

唐突なのだが、そんな僕のあまり胸を張れたものではない立場から、本を書かせてもらうことになった。

それも、今現在、仕事や人生に悩んでいる人に向けた本だ。


悩んでいるとき、苦しんでいるときは、視野が狭くなりがちである。

僕もそうだった。

新卒で入った会社で、研修もそこそこに首都高速道路の改修工事の現場監督をやらされた。こうした現場で発生するニュースも目にするし、とにかく忙しくて、しんどい仕事だ。

目の回るような忙しさの中で「仕事を辞めたい」とばかり思っていたのは確かだし、どう動いたらいいかわからない。

疲れきった頭では、「忙しすぎてハローワークで求人を探すことができない」という言い訳を思いつくのがやっとだった。あと、遅刻の言い訳を考えることとか。

あの頃は文字どおりの意味での視野も狭くなっていて、いつも地面ばかり見ていた気がする。少なくとも、空を見上げた記憶はない。

おそらく、この本を手にとってくれたということは、あなたは地方での起業、地方での就労に興味を持っているのだろう。

仕事や人生に悩んでいるあなたが、

「地方で暮らすという手もあるなあ」

「UターンやIターンして働くって、実際どういう感じなんだろう？」

といった別の道を思いつけるのだとしたら、今のところ現場監督時代の僕よりは広い視野を保てている。

今のうちに、よりよい働き方、生き方について具体的に考え始めてみることをおすすめしたい。

そのためのヒントとして、この本はきっと役に立つはずだ。

なぜなら僕は特別な才能があったわけでも、特別な努力をしたわけでもない、普通の人間だからだ。

目次

第2章

流れに身を任せて行きついた高知で起業

第3章

まず、あなたの強みを発見しよう。地方で起業するには

第4章 一人で起業するためのメソッド――事業計画書はいらない

第5章

会社（チーム化）して、さらにパフォーマンスアップする

第6章 今後の地方起業ビジネス スタートアップの可能性

第１章

まったく新しい視点で地方起業する

地方には仕事がないというウソ

地方には仕事がないという話を聞いたことがあると思う。
ウソである。

地方で不足しているのは仕事ではなく、人材だ。仕事はあるのに働き手が足りないのだ。

考えてみてほしい。

本当に仕事がないのであれば、地方の自治体がＵターン・Ｉターンの促進、移住の支援にお金を使うわけがない。

「東京　アンテナショップ」で検索すると、都道府県がＰＲのために出しているアンテナショップが、東京の一等地に集中しているのがわかる。

東京・銀座や東京駅周辺、渋谷や池袋といった若者の集まる繁華街の目が飛び出るほどのテナント料をとられる物件ばかりだ。

これらのアンテナショップ、実は特産品を販売しているばかりではない。Uターン・Iターンの窓口も兼ねているのが普通だ。

高知県の場合、「高知県UIターンサポートセンター」という外郭団体が高知県外から人材を呼び寄せようと必死になっている。

繰り返すが、仕事もないのに人を呼ぼうとするわけがないのだ。

「仕事があるとはいっても、やりたい仕事に出あえるかどうかは別問題でしょ？」

そう思われるだろう。確かにそのとおりだ。

だからこそ、どうやってあなたの力を活かせる、幸せな暮らしにつながる仕事を見つけるか、この本の中で述べていきたい。

ぜひ読み進めてほしい。

大企業でなくても、特別な才能がなくても、地方で事業を起こせる

さて、仕事があるのに人が足りないということは、じつは起業する人が求められているということでもある。

地方の自治体は東京の大企業を誘致することに必死で、起業しようとしている人のサポートにまで手が回っていないのは確かだ。起業は別に求められていないようにもみえる。

とはいえ、現地のニーズを満たすうえでは、働く人が減って滞っている仕事を誰かがやってくれればいいのだ。それが大企業だろうと、資本金1円の会社だろうと、個人事業主だろうと構わない。

すぐ思いつくのは、少子高齢化で生まれる新たな社会的ニーズに直接応える、介護や医療、福祉、地域おこしといった分野での起業だろう。

社会問題を解決する、社会的起業というものだ。

素晴らしいことだとは思うが、しかし、こういう「志の高い」「意識高い系」起業はハードルが高いと感じる人もいるだろう。

何となく「意識高い系の人がすること」という感じがしてしまう。その気持ちはよくわかる。

ただ、地方での起業は何も「意識高い系」に限らないことを忘れないでほしい。

既存企業が社内の人材で行っていた業務が、人手不足でどうにも回らなくなっている分野は多い。それをアウトソーシングで請け負う会社をつくってもいい。

「ちゃんとした会社」が手を出すにはニッチすぎて割に合わない分野に、個人事業主もしくは社長一人の会社として進出するという手もある。

かくいう僕も、橋梁点検の仕事で起業している。

一見、役所相手のすごい仕事にみえるかもしれない。確かに、もともとはゼネコンや建設コンサルティング会社がやっていた仕事である。

巨大プロジェクトの一部として、あるいは役所から大きな受注をするためのきっかけ、または「おまけ」として、儲からないにもかかわらず、仕方なくやっていた業務なのだ。

それを専業にして、ゼネコンや建設コンサルティング会社から外注してもらえるようにしたのが、僕の会社「インフラマネジメント」のメイン事業である。

どうしてそんなことが可能になったのか、読み進めてもらえばわかる。

今のところは、

「地方に仕事がない、というのはウソ」

「起業は特別な人でないとできない、というのもウソ」

この2つを理解してほしい。

◉レッスン

地方に移住する、地方で仕事をするということについて、あなたはどんな先入観を持っているだろう。

ポジティブなイメージ、ネガティブなイメージの両方があるだろう。

それがどの程度実態に即しているのか、少しでもいいから調べてほしい。

経験者や関係者の話を聞くことができればベストだが、まずは検索してみるだけでも構わない。

地方起業で使える「タイムマシン」

地方で起業するときには、ある裏技を使えるのが有利な点だ。

簡単に言うと、タイムマシンで未来に行き、どんな商売が流行るか見てきて、それを自分でやることができる。

もうおわかりだと思うが、東京などの大都市で流行っている商売を、いち早く地方に移植するのである。

飲食業界で、流行りもののメニューを売りにする例がわかりやすい。

たとえば東京と高知で、どのくらいの「時差」があるのかは一概にはいえない。業種によっても違うだろう。

とりあえず、2023年初夏、高知では第何次かのタピオカミルクティー人気が起きている。僕の中学生の娘はチーズハットグをうれしそうに頬張っていた。

自分のやろうとしている業種で、流行りものにためらわず手を出せる、という人なら、それだけで稼げる可能性は高い（もちろんブームが移り変わるたびに転業する必要があるが）。

それではあまりに慌ただしいという人は、ちょっと違ったタイムマシンの使い方をしてもいい。

ポイントはタイムマシンにとっては、大都市＝未来、地方＝過去とは限らないということ。場合によっては、地方のほうが10年先を行っていることなんて、日本にはいくらでもある。

わかりやすいのが人口減少であり、高齢化だ。

商店街の衰退もそうだろう。

空き家の廃屋化もそう。

耕作放棄地もそうだ。


じつは、高知市中心部の繁華街も、２０００年代初め、ご多分に漏れず大型ショッピングモールの出店によって大打撃を受けている。

ただ、高知の人たちはそこで諦めなかった。以前はファッションが主力だった繁華街に飲食店を中心とした新しいテナントを呼び込むことで、ある程度、人の流れを取り戻すことに成功したのだ。

商店街の衰退は、大都市部でもこれから深刻になっていくだろう。

地方ですでに「商店街の復活」を手がけたことがある人なら大都市という「過去」に、未来人の知恵と技術を貸すことができる。

地方ならではの問題を解決する起業をしたら、10年後には大都市でその道の権威としてお声がかかる。

そんな「タイムマシン」だってあり得るのだ。

「自分の食いぶちくらいなら何とでもなる」という自由

僕が起業しようと思ったとき、考えていたことがある。

「月30万円の給料がもらえればいい」

会社経営の経験もなく、知識もろくになかった(だから「会社のつくり方」の本を急いで買ってきた）僕だ。

会社員のもらう給料と、起業する場合の売り上げから経費を引いて、残るお金との違いを、ちゃんと考えていたわけではない。

漠然と「給料30万円の仕事をするのと同じくらいの暮らしができればいい」、そのために必要なお金を稼げればいいと思っていただけだ。

何で30万円だったかというと、それまでやっていたアルバイト収入が30万円だったからである。要するに、何も考えずに今までと同じ暮らしができればいいと思っただけだった。

そんな志の低い起業家はなかなかいないだろう。

だからこそ、僕でも起業できたのだと思っている。

前に言ったように、橋梁点検というのは、大きな会社にとっては採算のとれないサービス仕事で、他の業者がやってくれるならありがたい、という代物だった。

競争相手のいない市場をブルーオーシャンと呼ぶが、当時のこの仕事は小さすぎて海だとも思われていなかった。

ここに目をつけることができたのは、「自分の食いぶちだけ何とか稼げればいい」というところまでハードルを下げられたからだ。

しかも、家賃をはじめとする生活コストが低い地方では、このハードルをさらに下げられる。

保育園は空いているから子どもを預けやすく、子育てコストも下げられる。テーマパークの年間パスを買う代わりに毎週庭でバーベキューをすれば子どもは喜ぶ。

東京など大都市に暮らしていたら絶対に「ビジネス」として成り立たない仕事が、地方でなら実現できてしまう。

これが、地方起業の豊かさ、そして自由さなのだ。

第２章

流れに身を任せて
行きついた高知で起業

大学受験で「一番行きそうもない土地」を選ぶ

高知で起業して、最近では、地元紙の高知新聞の取材も受けて、すっかり「高知の社長」みたいな顔をしている僕だが、いまだに「何で自分は高知に暮らしてるんだ?」と不思議に感じることがある。

僕は岐阜で生まれ育った。高知とは縁があったわけではないし、特に興味があった土地でもなかった。

高知に来るきっかけができたのは、浪人時代のこと。

もともと僕は、あまり勉強が好きではなかった。中学生くらいからずっと怠け者で、勉強をろくにしてこなかった。だから大学受験では、順当に浪人することになった。

浪人中も熱心に勉強するわけではなく、学力は大して上がらなかった。変化があったのは、志望先である。

現役のときは「何となくかっこいいから」という理由で、「情報システム工学科」とか、コンピュータサイエンス系の学部・学科を志望していた。

「何となく」の志望だから、ちょっとしたきっかけがあると、揺らぐ。

浪人中にちょうど放送されていたテレビドラマ『協奏曲』を見た僕は、木村拓哉演じる建築家の弟子のかっこよさにしびれ、2年目の受験では建築系の学科に志望を変えたのである。

もともと、特にやりたいこともなかったし、行きたい大学もなかった。親からは「地元にだけはいるな」と言われたくらいだ。

そこで、建築学科のある大学は……と分厚い大学ガイドブックをめくってみた（インターネットが一般に普及するのはもう少しあとのことだ）。

大学ガイドブックの冒頭のページに、大きな広告を出していたのが高知工科大学だった。第1期生を募集している新設校だという。高知県がつくり、民間で運営する「公設民営」という珍しい大学で、理事長は橋本大二郎高知県知事（当時）。

繰り返すが、インターネットで志望校についての詳しい情報が手に入る時代ではない。

とはいえ、僕も別に詳しい情報なんて求めてはいなかった。

「新設校なら校舎がきれいなんだろうな」と思ったのと、

「高知って、こんなことでもなかったら、一番行きそうもない県だな」

という2つの理由からだ。何となく僕は高知工科大学の受験を決めたのである。

◉レッスン

縁がある土地、つながりがある地域といった移住先の当てがあるのは素晴らしい。

もしそういう場所がないなら、あえて「一番縁がなさそうな県」や「このままだと一生訪れなそうな地域」を思い浮かべてみよう。

そこから新しい縁が生まれることもある。

高知となじめないまま時間が過ぎていった

高知工科大学の入学試験は、愛知・名古屋市で受験することができた。生まれて初めて高知に足を踏み入れたのは、入学式の日だった。新幹線と土讃線のディーゼル列車を乗り継いで、キャンパス最寄り駅の土佐山田駅に降りたときのことは今でも覚えている。

木造の今にも崩れ落ちそうな駅舎には、自動改札機はない。駅を出ると観光バスの払い下げらしきバスが止まっている。

びっくりしたのは、車内でタバコが吸えるようになっていたことだ。当時、名古屋はもちろん、岐阜でもそんなバスはもうなかった。

このタイムスリップしてきたようなバスに乗って、600円ほどの運賃（高い！）を払い、さらに山奥に入ったところにキャンパスはあった。

確かに校舎も寮も新しかったが、がらんとして人の気配が感じられない。テレビをつけてみると、民放が2局しかなかった（現在は3局ある）。

何となくでここまで来てしまったけれど、さすがに「俺はこんなところで4年間、過ごせるのかな？」と思った。

Googleマップで見てもらえばわかるが、高知工科大学香美キャンパスの周りには山と川しかない。当時はまだ、大学生といえば遊ぶものというイメージが強い時代だったが、遊ぼうにも遊ぶ場所がないのだ。

仕方がないから授業にでも出ようと思ったのだが、大学1年生の授業はさほど面白いものではなく、「高校の勉強の振り返り」という印象だった。すぐに授業にも出なくなった。

遊ぶ場所もない、勉強を熱心にするわけでもない。そうなると、することがない。辛うじて原付きバイクで15分ほどのところにパチンコ屋があった。

そこで、昼はずっとパチンコ、夜になったら寮の仲間とマージャン、深夜は衛星放送で北米プロバスケットボールのＮＢＡを見るというのが僕のキャンパスライフになった。

要するに、寮とパチンコ屋が僕の世界のほぼすべてだった。あとは、高知市の繁華街にときどき出かけるくらい。当時、高知市の中心部には洋服屋がぎゅっと集まっていて、さまざまなブランドの服を買えたのが服好きな僕にはありがたかった。

仕送りは多くなかったし、家庭教師のバイトで稼いだお金を服に使ってしまうので、「高知のおいしいものを食べよう」「遠出して自然に触れよう」といった余裕もない。

こういう暮らしなので、高知という土地になじむわけでもなければ、その魅力に気づくこともなかった４年間だった。

だから、大学の同級生たちに会うと、いつも不思議そうな顔をされる。

いつの間にか高知で起業して、すっかり「高知の社長」になってしまって、そういえば、この間は高知新聞に出ていたし、「坂元、いつの間にこんなふうに変わったの？」というわけだ。

◉レッスン

土地との縁はすぐに深まるとは限らない。

一度だけ行ったことはあるけれどあまりぴんとこなかった土地、すぐにやめてしまった趣味、まったく記憶に残っていない人の名刺などなど、「そのときには深まらなかった縁」の中に未来へのヒントが隠れているかもしれない。

記憶や記録を掘り返してみよう。

「東京の会社」ばかり見ていた就職活動

「行ったことのない土地に行きたい」というだけで選んだ高知だったから、卒業後も住み続けるつもりはなかった。

むしろ、見えっ張りの僕は、「就職するなら東証一部（現・東証プライム）上場企業で、本社が東京の会社じゃないと嫌だ」と思っていた。もう一つの就職先の条件はホームページを持っている会社。会社が自社サイトを持つことが普通になり始めていた時代だった。

スーツを着て、東京のオフィス街で働いている自分を思い浮かべると、なかなかかっこいいような気がして気分がよかった。

そんなわけで、就職活動のときには、高知県内の会社はまったく視野に入っていなかった。

僕が就職した２００１年は、いわゆる「超就職氷河期」の中でも最悪といわれた年である。

僕はといえば、そんな世の中の状況をよく理解していなかった。

初めて卒業する１期生だから、何とか就職率を１００％にしたいと大学の先生方も必死だったと思う。こういう時期にもかかわらず、スムーズに就職できたのは、そのおかげもあるだろう。

1つ目に受けた設計事務所に落ち、2つ目に受けたのが東証一部（現・東証プライム）上場企業で、東京に本社がありホームページも持っていた橋梁やトンネルなどの補修・補強の大手専門会社のショーボンド建設。内定をもらった僕はすんなり就職先を決めた。

だから僕は、就職活動をろくにやっていない。SPIの対策をしたこともないし、「自己分析」をやったことがない。

最初から辞めたくなった会社員生活

一応、望みどおりの会社に就職できた。

しかし、会社員としての生活はまったく楽しくなかった。前にも言ったけれど、基本的に僕は怠け者で、中学時代からずっと怠けている。この癖が社会人になっても抜けなかったのだ。

寝坊して遅刻したり、仮病を使って午前中休みにしたりといったことを、ちょくちょくやっていた。

もちろんいいことではない。

しかし、新卒の僕が倒れなかったのは、そうやって適度にサボっていたからだと今は思う。それくらい、最初に与えられた仕事、首都高速道路の改修工事の現場監督は忙しかった。


4月に入社して、3週間ほど埼玉で研修のあと、最初に入った現場は東京・杉並区。明治大学和泉キャンパスの目の前にある首都高速道路の改修工事の現場だった。

会社の寮は千葉・幕張にあったので、毎朝東京を横断して通勤しなくてはいけない。もちろんラッシュ時の満員電車だ。この間までは移動といえば原付きバイクで学生寮とパチンコ屋を往復するだけの生活だったのだから、この通勤がまず耐え難かった。

しかも、僕が思い浮かべていた東京でのサラリーマン生活はスーツをビシッと着てオフィス街を闊歩するというものだった。実際には作業着でヘルメットを持って出勤するのである。

これがまた嫌でしょうがない。新社会人だというのに、早くも「何で俺、こうなっちゃったんだろう」なんて思っている始末だ。


仕事はめちゃくちゃきつかった。残業時間は、月100時間が当たり前という世界。倒れても不思議はない。倒れなかったのは、前述のようにときどき寝坊したり、仮病を使い午前中休みにしていたからである。

なかでもひどかったのは、埼玉・美女木交差点の改修工事だ。もともと漏水がひどくて大問題になっていた現場で、しかも工事をするのは夜間である。

といっても昼間は休めるわけではなく、工事資料の整理などやることはいっぱいある。そのうえ、土日には東京・渋谷の別の現場に駆り出される。

このときは、日曜の朝に寮に帰って、月曜の朝に出勤するまでの24時間だけが休みといえば休みだった。そんな生活を3カ月ほど続けた。

仕事量の多さだけでもつらいのだが、本当に嫌だったことは別にあった。忘れもしない、現場に出て最初にやらされた仕事だ。

現場監督は、工事の報告書を毎週、会社に提出しなければいけない。どういうわけかこれを、僕の働いていた会社では旬報と呼んでいた（週ごとに出すから週報だと思うのだが）。

僕が最初についた上司は、この旬報をまったく書かない人だった。毎週提出するはずのものを、平気で半年分くらいためている。とはいえ、いつかは提出しなければいけない。

事もあろうにこの上司は、半年分ためた旬報を「そのへんの写真とか見て、適当に書いておいて」と僕に押しつけたのである。

いわゆる、上司の尻拭いである。これが最初の仕事だったのだ。

自分が見たわけでもない工事の様子を、他の人の書いた報告書などを参考にしながら、何とかでっちあげる。夏休みの日記をためた小学生と同等の作業だ。

何の勉強にもならない。成長にもつながらない。もちろん、でっちあげた報告書など、会社のためにも、お客さんのためにも、世の中のためにもならない。

しかも手書き。僕の世代あたりから、大学の課題はパソコンで、が当たり前になっていたから徒労感が強い。

耐え難かった。

「俺はこんなことがしたくて、就職したわけじゃない」

そう思うのが当然だろう。正直なところ、この時点で僕はもう仕事を辞めたくなっていた。

「絶対辞めてやる」とずっと思っていた。とうとう耐えられなくなり、上司の机をたたいて「辞めてやる」と怒鳴ったこともある。このときは先輩たちが必死でとりなしてくれた。

こうして爆発することはあっても、日曜の朝にようやく帰宅できる生活だから、具体的な解決に動くのは無理。転職活動などする暇もない。

「絶対辞めてやる」と思いながら、僕は目の前の仕事に忙殺されるばかりだった。

転機となった高知異動

2年目の4月には、東京から大阪に異動になった。

けれども、本当に何も変わらなかった。これまで首都高速道路の改修工事をしていたのが、阪神高速道路の工事に変わっただけだ。

大阪ではスピード違反で長期免停になり自転車で現場に通った思い出があるくらいだ。

大阪でも上司が大嫌いになり、机をたたいて「辞めてやるわ」と怒鳴った。このときも先輩になだめられた。

そういう振る舞いを繰り返したからだろうか。会社も「こいつは何とかしなければ」と思ったのかもしれない。3年目の2月に「おまえ、転勤っていう話が出ているぞ」と言われた。7月1日に高知に異動だという。

あのまま大阪にいたら会社のお荷物になっていただろう。あとになって聞かされたのが、当時の社長（入社式でしか会ったことがない）が「坂元は高知に行かせろ」と言ってくれたらしい。

社長は高知工科大学の先生方とも仲がよかった。それで、本来なら辞めるしかないところを「あいつの母校は高知だし、何とかなるかも?」ということで異動させてくれたのではないかと今は思っている。

結果として、この異動が僕の人生を変えてくれたのである。

7月に高知営業所に移って、さすがに僕も「変わらなければいけない」とは思っていた。

営業所長に「営業と工事、どっちをやりたい?」と聞かれたので、僕は「営業をやりたい」と答えた。これは、具体的な変化のきっかけになったと思う。

こうして、高知に来て初めて、僕はスーツを着て仕事ができるようになった。仕事が工事から営業に変わったのだ（といっても、冬になると現場の応援に頻繁に駆り出されたけれど）。

高知営業所には10人ほどの社員がいて、営業を担当していた先輩は1人だけ。先輩の下に僕がついて回る形になった。

営業といっても、会社によってやっていることは違うというのはよく言われることだ。当時、ショーボンド建設でやっていたのは、主に役所を回って担当者に名刺を置いてくるというもの。

一つは、橋や道路の設計を受注する会社を回って、「うちの材料製品を使ってもらえませんか」と売り込む。おそらく、この2つはどこでもやっていただろう。

高知営業所の営業を担当していた先輩が特殊だったのは、もう一つ「提案営業」をやっていたことだった。

営業が仕事だから、当然、商圏である県内をあちこちと動き回っている。その途上で、橋や道路が老朽化している箇所を見つけることはよくある。

そんなとき、先輩は写真を撮ったり、ひびを計測したり、鉄骨の腐食がないかを調べたりして、老朽化の状態を具体的に調査する。

あとは「○○町の○○橋がこういう状態になっています。そろそろ工事したほうがいいですよ」という調査報告＋提案書を勝手につくって、管轄の役所に持っていくのだ。

要するに、勝手に橋を点検して、「直したらこれくらいかかりますから、やったらどうですか？」と提案しているわけだ。

役所の人たちは、橋が落ちたとか、落ちそうだとかいう問題が起きればもちろん対応する。

けれども、問題が起きる前から、継続的に橋の状態をモニターする余裕はない。あるとしても、定期点検が何年かに1回できるかどうかというところで、とても目が届かない。

橋の補修工事を設計する会社も、注文が来た案件について設計書を書くのに精いっぱいで、自ら補修が必要な橋を探しにいく時間はない。

だから、先輩の提案はとても重宝された。橋を調べたデータはちゃんと残してあるから、年ごとの変化もわかる。もちろん、橋の名称（橋には基本的に名称がある。名称がないものは「無名橋」という）や所在地については、役所の担当者よりもこちらのほうが詳しい。

こうした積み重ねが、工事や材料製品の受注につながっていた。

今思うと、僕はすこぶるいいタイミングで高知営業所に異動することができた。普段は年間2億円、3億円の売り上げしかない営業所だったのに、僕が行ったときの売り上げは10億円に達していた。

四国3県（香川、愛媛、徳島）を合わせても10億円の売り上げはなかったのにである。そうなった理由の一つは、先輩が独自に行っていた提案営業にあることはまちがいない。

先輩にくっついて回りながら、そうか、営業というのはこんなこともやるんだと僕は思った。そして、のちに自分のビジネスになる、橋梁点検という仕事をはっきりと意識したのもこのときのことだ。

ようやく仕事が面白いと感じられたのも、高知に来てからのことだった。

なぜ面白いと感じたのか、理由ははっきりしている。人の役に立ち、人に必要とされる仕事だったからだ。

長期間ためた旬報をでっちあげる仕事は誰の役にも立っていない。

高知営業所では数少ない営業（1年ほどで先輩はいなくなってしまったので唯一の営業担当になった）というポジションで、みんなの役に立っているという実感があった。

これからどんな仕事が発生しそうか、いつ頃どんなプロジェクトが動くのかといったことを営業所でいち早く知るのは営業担当の僕だ。

「あの件はいつぐらいに発注されるの？」

「この間言ってた件はいくらくらいの規模になりそうなの？」

工事担当の先輩社員たちがいつも僕に聞いてくる。

頼りにされたのは営業所内ばかりではない。同じように公共工事の仕事を受注している10社くらいの会社の人とも、役所などで会っているうちに自然と仲よくなる。こうした営業担当仲間で、僕は飛び抜けて若かった。

所属しているショーボンド建設は大きな会社だったから、最新技術の情報などは手に入りやすい。ここでも大先輩の営業担当から「ちょっと坂元さん、これ教えてよ」と頼られる。

高知で働き始めてからも、忙しいことは変わらなかった。土日に休んだ記憶はあまりないし、夜は9時、10時まで当たり前に仕事をしていた。

けれども、仕事に面白さ、やりがいを感じられるようになると、さほど苦ではなかった。

大学院に進学も「何となく」

結局、高知営業所で3年働いたあと、僕は退職して高知工科大学大学院に進学することになる。

せっかく仕事が面白くなってきて、居心地のよい職場なのにどうして辞めてしまったのか？　と疑問に思われるかもしれない。

その理由は「何となく」としかいえない。

あえて言えば、工学系の大学では「修士課程をとって一人前」という考え方がある。それに何となく感化されて、何となく自分もいつか大学院に行きたいというより、「行くものだ」と思っていた。

何度も言うように、僕は決して、最初から志を高く持って、目標を立てて、スケジュールを組んで、やるべきタスクに落とし込んでという意識の高い生き方をしてきた人間ではない。

というわけで、「大学院、どうしよう。まぁ30歳までには行きたいな」と考えた僕は、28歳の1月に上司に「大学院に行きたいので、会社を辞めます」と伝えた。

ちなみに、大学院入試は2月にある。この時点では進学できるかどうかもまだ決まっていない。もしも大学院に入れなかったら、春からは無職になる。

それでも、「引き止めようにも、取り付く島もなかった」と会社の人に言われたくらい、僕ははっきりと「辞めます」と言った。

まだ入試も受けていないのに。

幸いなことに、大学院入試に合格した僕は、高知工科大学大学院に4月から通うことになった。

大学院に通うにしても、学費や生活費を稼がなくてはいけない。近くのチェーン居酒屋でアルバイトをしようかと考えていた。

その話を退職前に上司に話したら、「居酒屋でバイトするくらいなら、空いた時間にうちでバイトしたら」と言う。急に「大学院に行くから辞める」と言いだした僕に、バイトとして仕事をさせてくれるというのだ。

高知営業所での3年間で、僕はちょっと特殊なスキルを身につけていた。

簡単に言えば、役所に出す工事費の見積もり作成なのだが、これが実にアナログな作業で、百科事典をさらに太らせたような分厚いカタログを5冊くらい駆使して材料や器具の値段を調べ、費用をはじき出す。

僕はこの「積算」を、営業所内で一手に引き受けていた。コンクリートに○センチの穴を開けて埋めるとしたらいくらくらい、といったことは肌感覚でわかるし、カタログを引く場合でも「ここらへん」と目星をつけて開くと必要なページに一発で当たるという、職人技の世界である。

営業所長は、「坂元がいなくなったら俺があれをやるのか」とゾッとして僕にバイトの話を持ちかけてくれたに違いない（もちろん、とても親切な人でもあるのだが）。

高知に異動してきたとき、「営業をやりたい」と言っていなければ、こんな特殊なスキルは持っていなかっただろうし、居酒屋でバイトをしていただろう。

そして、おそらく起業することもなかったと思う。というわけで、いよいよ僕が起業したいきさつを語ってみたいと思う。

未来が見えない男

バイトに関係して、もう一つ幸運なことがあった。

僕は一般入試で大学院に入ったのだが、学部時代から僕のことを知っていた先生が、

「坂元のやつ、まさかショーボンド建設を辞めて大学院に入ってくるってことはないだろう」

と邪推しつつ結果的に社会人コースに入ったのである。

結論から言うと、僕は社会人コースと一般コースのどちらを受講してもいいということになった。月に1度、土日に集中して行われる社会人コースの講義に出ると、必要な単位のほとんどがとれてしまう。平日は暇なので、バイトに行くことができた。

そんなわけで、3月まで社員として勤めていた会社の高知営業所には、4月からも引き続き僕の机が置かれていて、平日にはそこに通って仕事をした。大学院生になったけれど、お客さんや社外の人にとっては、僕は相変わらず、「ショーボンドの坂元さん」なのだった。

何となく入るものだと思っていた大学院だから、特に研究したいことがあったわけで

はなかった。

正直に言うと、入れたところでゴールを迎えた気持ちだった。そこで何を学ぼうとか、今後のキャリアをどうしようとはまったく考えていなかったのだ。

とはいえ、研究室は選んで所属する必要がある。

考えてみると、これまで社会人としてやってきたのは、首都高速道路や阪神高速道路の改修、橋の老朽化具合を調べるといったこと。まとめていえば、インフラストラクチャーの「長寿命化」に関わる仕事である。

誰から見ても必要かつ重要な分野である割には、これまであまり研究されていないことは実務経験を通じて何となく感じていた。そこで、長寿命化について学べそうな研究室を選ぶことにした。

この時点でも将来僕が橋梁点検の会社をつくるなんて想像もしていなかった。

こんな感じで始まった大学院生活だったので、特に楽しいとは思わなかった。

やっぱり、僕は勉強が好きではない。大学院に入って改めてそんなことを悟ったのだから、ある意味ですごいと思う。

快調だったのはアルバイトのほうである。社員ではなくなったから責任はなくて、でも慣れた仕事ができて、生活するのに十分な収入を得ていた。

修士論文を書くときにも、前職というか現バイト先には試験器具や資料を貸してもらったりと大変お世話になった。

1週間で修士論文を仕上げるようなメチャクチャなこともあったけれど、おかげさまで修士課程を修了できたのである。

もう一つ、大学院時代の大きな出来事としては、妻と知り合ったことがある。

実は、大学院に入ることが決まってすぐ、僕は大学時代からつきあっていた（つまり、東京、大阪時代には遠距離恋愛だった）彼女と別れている。

28歳になって、急に会社を辞めて大学院に入るような男だ。別れるという判断は正しい。

こうして独り身になって大学院生活が始まったのだが、12月になると、何となく寂しいなと思い始めた。そんなとき、ひょんなことから知り合ったのが今の妻である。彼女は高知医科大学に勤める看護師だった。

彼女は知り合うとすぐに僕の家に押しかけてきて、ずっとそこにいるようになった。会社を辞めて大学院に入って、未来が見えない男の家に……。

じつは、最初は「寂しいから楽しく遊べる女友達がいればいいな」くらいに思っていた。でも、僕は押しに弱いタイプだ。まるで結婚願望なんてなかったのに、いつの間にかそういうことになっていった。

無事、2年間で修士課程を修了して、起業するまでには1年間のブランクがある。

この間、何をしていたか。

起業のために準備をしていたとか、自分自身を見つめ直すために世界中を旅していたとか言えるとかっこいいのだが、じつは相変わらずバイトをしていたのだ。もちろん、今までどおりショーボンド建設の世話になっていた。

生活するのに十分なくらいは稼げたし、アパートの家賃は駐車場込みで4万2000円。生活には何の問題もない。

もちろん、先のことをちゃんと考える人なら「問題だらけだよ！」と言いたくなるだろう。しかし、僕は全然ちゃんとしていなくて、「何とかなるんじゃないの」と思っていた。「今までも何とかなったし、多分これからも何とかなるだろう」。

典型的な、「できない人」の思考回路である。

アルバイトがなくなったから、起業した

妻の誕生日は9月である。

「何とかなるんじゃないの」でフリーター生活を始めてしばらくして、ふと、あと数カ月で彼女が30歳になることに気づいた。

たまたま、少し前の3月に友人の結婚式に出席したことも影響したのかもしれない。何となく、そうしたほうがいいような気がして、「結婚しようか」という話になった。

とりあえず、彼女の両親に会うことになった。お父さんは高知・土佐市の職員、お母さんは市民病院の看護師というしっかりした家だ。

30歳手前でフリーターの男なんて「そんなやつに娘はやれん」と怒られそうだし、行

きたくなかった。でも、そういうわけにもいかない。

家に着いてあいさつすると、すぐにお父さんに近所の居酒屋に連れていかれて、お酒を飲んだ。

飲みながら「お宅の娘さんはこういうところがよくないですよ」といったような話をした記憶がある。どういうわけか、それで両親への紹介も無事に終わって、僕らは一緒に暮らし始め、8月には入籍した。

結婚したとはいっても、それで僕に何か責任感が生まれたわけではなかった。妻は看護師で、僕よりしっかりした仕事に就いている。お互い、自分の食いぶちは稼ぎましょうくらいのつもりでいた（すぐに妻が妊娠したので、なかなかそうはいかなかったのだが）。

だから、結婚が起業のきっかけになったわけではない。

では、何があったのかというと、バイトがなくなったのである。

大学院の2年間、生活費を稼がせてもらって、その後もフリーター生活を続けていたわけだが、とうとう上司に「来年はないぞ」と言われてしまったのだ。今年度いっぱいで雇い止めというわけだ。

考えてみれば、退職した人間をバイトとして雇っておくなんて、普通はないことだ。僕の生活を心配して、いろいろな無理をして雇っていてくれたのだろう。無事大学院も修了して、そのうえさらに1年、雇ってもらえただけでありがたい話なのである。

というわけで、何か仕事を見つけなければいけない。

今度は居酒屋で働こうとは思わなかった。

考えてみると、僕はショーボンド建設を辞めたあとも、同じ職場で働かせてもらっていた。

お客さんはそのあたりの事情を知らない人も多く、相変わらず「ショーボンドの坂元さん」として接してくれていた。

立場は変わっても、同じように仕事ができたし、同じようにお客さんの役に立っていた。僕の仕事で、喜んでもらっていたという実感がある。

お客さんは、僕がこの仕事を続けたら喜んでくれるんじゃないかな？

それなら、一人になっても同じように仕事をできるんじゃないか？

今までやってきた橋梁点検で、改修の必要があれば提案するという仕事で商売をしよう。


その程度のことを考えて、僕は会社をつくる準備を始めてしまったのだった。


アルバイトを終了したのが２００９年の３月。

会社を起こしたのが、２００９年の５月。

起業の準備には大して手間はかからなかった。

「会社のつくり方」の本はいくらでもあるから、１冊買ってそこに書いてあるとおりにすればいいのである。手続きらしい手続きといえば、法務局と税務署に届けを出すだけだ。だいたい２週間で準備作業は終わった。

会社の所在地は住んでいた家。

資本金は、ご存じのとおり1円でもいいのだが、1円だとさすがに格好がつかない。預金は辛うじて50万円あった。資本金は50万円にした。

会社名を決めるのは、ちょっとワクワクして、楽しい作業だった。

僕が仕事で扱う橋などの公共構造物はインフラストラクチャー。大学院では、経営に関する講義も多かったのだが、そこでマネジメントという言葉を覚えた僕は「かっこいいな」と思い社名に使おうと思っていた。

それで、両方を合わせて「インフラマネジメント」。

今は検索すると、一般名詞としてのインフラマネジメントもヒットするけれど、当時は僕独自の造語だった。


アセットマネジメントという言葉がある。資産運用という意味で、金融の世界で使われることが多い。

橋や道路、トンネルといったインフラストラクチャーは、公共の資産である。だから、それを管理する、あるいは積極的に運用して価値を維持したり高めたりしていくのはいいことのはずだ。

ところが、当時の役所には、みんなの資産であるインフラをマネジメントしていくという発想がまるでなかった。

たとえば、数億円かけて橋をつくったとして、工事が終わったらすぐに図面が捨てられてしまう。図面を残しておけば、検査や改修が必要になったときに役に立つのに。

要するに、インフラを効率的に運用するという考え方がなかった。

そうなるのも無理はない面もある。まず、みんなのものということは、逆に自分事とは考えにくい。

そのうえ、役所はだいたい3年で部署を異動になる。長いスパンで効率的な運用を考えるといった視点が持ちにくいのも仕方がないのかもしれない。

一方で、インフラは老朽化していく。

高度成長期、日本が右肩上がりの時代につくられた橋や道路やトンネルにガタが来る。きっと、これからはインフラの整備に関していろいろな問題が起こる。これまで僕が経験してきたことが、役立つ場面があるはずだ。

「インフラマネジメント」という社名には、そんな思いも込められている。

◉レッスン

今の仕事でおかしいなと思っていること、「こうすればいいのに」と思っていることを覚えておこう。

商売のネタになる可能性が意外と高い。

なぜ、高知で起業したのか？

起業してから今まで、僕はずっと営業をしないでやってこられた。

もともと前職の会社でやっていた仕事を商売にしたわけだから、営業の必要がない。

会社員そしてアルバイト時代のクライアントから仕事の注文がある。

前の職場のクライアントをもらっちゃって大丈夫なの？　と思われるかもしれないが、まったく問題はない。

僕が事業にした橋梁点検というのは、それだけを見ればとても小さな、つまり額の小さい仕事である。前職の会社は東証一部上場（現・東証プライム）の大企業だから、そんな仕事でも受けるとなったらめちゃくちゃ面倒な手続きが必要だ。

1億円の仕事ならともかく、10万円や20万円の仕事にそんな手間をかけたくない。これらの小さくて面倒な仕事を僕が引き受ける。結果として橋の改修工事が発生すれば、それは前職の会社にとっても受注のチャンスが生まれる。ウインウインの関係なのだ。

一時は、地元の岐阜で起業しようかと考えたこともあった。

「実家に帰って起業しようと思うんですが」と上司に相談したら、こう言われた。

「おまえは無職になるんやぞ。妻は大学病院の看護師、準公務員やぞ。どっちが稼いどんねや。妻のほうが手に職あるのに、何でそれを無駄にしてまで岐阜に戻る意味がある？」

確かに、上司の言うとおりだ。

そもそも岐阜が地元だ、実家だと言っても、父の出身地は鹿児島県、母は愛知県で、僕が岐阜で生まれ育ったのは父の仕事の都合でしかない。自分のルーツといえるほどの縁もゆかりもない。愛着を持っているかといわれると特にない。

そう考えると、岐阜に「帰る」とさえいえないような気がしてきた。

一方、高知では6年間働いてできた人脈がある。ならば、高知で起業しようと思った。上司のおかげで、何となく「地元」に「帰る」という判断をせずにすんだ。結果として、営業もせずに仕事が入ってきたわけだ。

◉レッスン

出身地で開業する、実家に戻る。Uターンはもちろん選択肢の一つだ。

ただし、そこが自分にとってどう有利な土地なのかはちゃんと吟味すること。何となく里ごころがついてのUターンは禁物だ。

第3章

まず、あなたの強みを発見しよう。地方で起業するには

強みを見つけるよりも先に協力者を見つけること

この本では、発想を変えて、地方で起業することで、あなたに合った働き方、生き方ができるかもしれないという提案をしている。

ここからは、どうやって地方で起業するのか、そのノウハウめいたものを話してみようと思う。

地方での起業の話をしていくけれども、必ずしも自分で商売を起こそうというのではなく、地方で就職して働く人にとっても、役に立つ方法だと思ってほしい。

僕自身、「いつかは起業するぞ!」という志を持って、意識高く生きてきたタイプではないことは何度も書いたとおりだ。

どこかに勤めた先に、たまたま起業するチャンスが訪れたり、起業するつもりでいたら自分に合う就職先を見つけたりといったことはよくある。

この本を読んでくれている以上、あなたは相当程度に起業志向なのだと思う。でも、いい意味で「この先、何があるかわからない」という柔軟な気持ちで読み進めてもらえたらありがたい。

さて、世の中にはすでに多くの「起業をすすめる本」「起業の仕方を指南する本」が出回っている。

それらにざっと目を通してみると、起業のためにまずやるべきこととして、

「自分の強みを見つけなさい」

といっていることが多い。

考えてみれば当たり前の話だ。苦手なことを仕事にするより、得意なことを仕事にするほうがいい。

競争力のない分野より、競争力のある分野で勝負するほうが、成功しやすい。だから、あなたの強みを見つけましょう。

当たり前のことを言っているなあと思う。

しかし、考えてみると、僕は最近まで自分の強みを考えたことなんてなかった。

こうして本を書いたり、メディアの取材を受けるようになって、自分のやってきたこと、やろうとしていることについて言葉で説明しなければならなくなってからだ。

つまり、起業するに当たっても、それから10年ほど事業を継続していても、自分の強みを考えたことはなかったのだ。

僕は「まず、強みを見つけましょう」とは別のことを提案しようと思う（強みを見つけることは大事だと思うので、それはそれでやったほうがいいとは思うが）。

それは、協力者を見つけることだ。

僕の場合、起業するときにはすでに妻と暮らしていた。だから、起業に当たっては妻の許可をもらった。ありていに言うと、うまくいかなかったら無職になるかもしれないけど大丈夫？　という話をして、妻の同意を得られたから起業に向かって踏み出したのだ。

当時から今まで、妻は僕にとって最高の協力者である。頭が上がらない。

おそらく、協力者を見つけるとすれば、まずは家族だろう。あなたが起業することに賛成して（少なくとも反対はせず）、話を聞いて、応援してくれる人を見つける。結婚している人の場合、配偶者が協力者になってくれないようならば、まずは夫婦関係の見直しから始めないといけないだろう。

人それぞれ事情がある。なかには家族が協力者になってくれない人もいるだろう（僕の場合、両親は起業に賛成してくれなかった）。その場合、友人、職場の仲間といったあたりで協力者を見つけよう。

これはあとの章でも触れるが、起業したあとには、「地元の経営者が集まる場」に積極的に参加して交流することがとても大事になる。それが助けてくれる人を増やすことになるからだ。

ユニコーン企業と呼ばれるような、圧倒的に抜きん出た会社をつくろうとしている人なら、「みんなと仲よくしていてはダメ」「人と同じことをしても意味はない」といったとがり方をしてもいい。

そうではなくて、自分が無理なく充実した人生を送っていきたい、そのための方法として起業を考えるという人であれば、何よりも大事なのは仲間を増やすことだ。

僕がそのことに気づいたのは、起業してから何年もたってからだった。

これから起業を考えている人は、ぜひとも最初から、仲間をつくる、仲間を増やすことの重要性に気づいてほしい。

その第一歩が、まずは身近なところで味方をつくるということだ。

◉レッスン

家族、職場、学生時代からの友人などなど、身近な人間関係の中で、自分が起業を考えていることを打ち明けて協力してもらえそうな人を探してみよう。

結婚している人は、配偶者を味方につけられなければこの先に進むのは無理という気合でがんばってみてほしい。

自分の強みを意識したのは経営者になってから

自分の強みについて考えたのは、最近のことだとお伝えした。

何が自分の強みなのか、把握していなかったにもかかわらず僕が起業できたのは、応援してくれる人がいたからだ。

橋梁点検という仕事自体は、僕以外でもできる。実際に他の会社でもやっている（これを専門にしている会社は、僕が起業した当時にはなかったけれど）。別の人でもできる仕事ではあるけれど、それを他ならぬ僕がやることを喜んでくれるお客さんがいた。それが大きかった。

あえて言えば、そうやって応援してくれる人がいたことが、強みだったのかもしれない。僕はそれが強みだとは意識していなかったし、自信もなかった。

何年も会社を経営してきて、経営者の知り合いも増えた今だから思うことだけれど、自分で自分の強みを把握して起業する人なんていない。いや、いることはいる。

それは、今までにないビジネスモデルを生み出して、メディアの取材がいっぱい来て、あっという間に上場して、起業志望の若者に憧れられるような「すごい起業家」だ。

僕の体験から断言するが、それ以外のいわば「普通の起業家」「普通の経営者」たちは、自分の強みに最初から気づいていたりはしない。

考えてみてほしいが、自分で自分の似顔絵を描くことだって、普通は難しい。自分の強みを分析するなんて、それよりもっと複雑なことだ。

就職活動のとき、「自己分析」というのをやらされそうになってすぐ投げ出した。それは「自分で自分の分析なんてできるのかな?」という、うさんくささを本能的に感じたからだ。

一方、他人は自分のことを意外とよく見ているというか、ちらっと見た程度でも、こちらの特徴をよくとらえた似顔絵を描いてくれたりする。

強みや弱みについても同じだ。自分がやっていることをはたから見た人が、「あなたの強みはこれだよ」「弱みはここだよ」と折に触れて教えてくれる。

それが積み重なって、次第に自分の強みがぼんやりと浮かび上がってくる。そうなって初めて、強みについて考える意味が出てくる。最近の僕のように。

その意味でも、まずは周りの人とのつながりをつくることが大事なのだ。

◉レッスン

自分の強みをそれとなく、適切に教えてくれそうな人は周りにいるだろうか。リストアップしてみよう。

今すぐでなくてもいい。これから仲よくなって、率直な話ができるようになりたいと考えている人でもいい。

職場の先輩や上司、取引先の人などなど、自分の仕事ぶりを知ってくれている人をいろいろと思い浮かべてみよう。

「今やっている仕事」には必ず意味がある

あなたは今やっている仕事に満足しているだろうか?

起業だとか、地方への移住といったことが気になるくらいだから、今の仕事に不満を持っている人は多いかもしれない。

今の仕事に満足していて、その延長線上に、もっと可能性を感じる新しい道を模索するというのは理想だけれど、そこまで恵まれている人は少ないだろう。

東京、大阪時代の僕のように、仕事を辞めたくて辞めたくて、もう我慢できないという人もいるかもしれない。

それは仕方がないことだけれど、これから自分が何をやっていくかを考えるうえでは、今やっている仕事を活かすことを忘れないでほしい。

たとえ、今は嫌で嫌で仕方がない仕事だとしても、その仕事を選んだのにはそれなりの理由があったはずだ。それはあなたの好きなことに関係した理由かもしれないし、得意なことに関係していた理由かもしれないし、人とのつながりに関係した理由かもしれない。

いずれにしても、今あなたがその仕事をやっていることには、必ず意味がある。

簡単に言えば、頭の中で「自分の強み」なんかを考えるよりもよほど、これからやるべき仕事のヒントが詰まっているということだ。

僕の場合のように、今まで会社でやってきた仕事の一つを、そのまま自分のビジネスにできる場合もある。

仕事を通じて得たつてが、起業してからも仕事や情報を運んできてくれることがある。

仕事をしているうちに蓄えた業界の知識が、まったく違う職種で起業するときに役立つかもしれない。

営業とか接客とか、経理とかいったスキルは、一見、まったく畑違いの分野に進むとしても強みになる。

好きでも嫌いでも、楽しくてもつらくても、今あなたがやっている仕事には必ず意味がある。

それは、自分のビジネスを起こすためのヒント、自分でビジネスをやっていくための武器の宝庫なのだ。

もう一つ、大事なことがある。

今やっている仕事を否定してしまうと、仕事を選んだ自分を否定することになる。自己肯定感は大事だ。

特に、これから事業を起こして、自分で道を切り開いていこうと考える人ならなおさら。だから、できるだけ自己否定はしないように気をつけよう。

◉レッスン

今やっている仕事に対する不満をぶちまけてみよう。

紙に書いてみるのがいい。

仕事の内容がつまらないのか？　しんどすぎるのか？

雇用条件がブラックなのか？　給料が安すぎる？

はたまた職場の人間関係がよくないのか？　もしかしたら、顧客との相性が最悪だったり？

などなど、何でもいいから徹底的に書き出してみよう。

仕事の現状に対する不満は、徹底的に吐き出そう。

そうしたほうが、意外と仕事の持つポジティブな意義も見えてきやすいものだ。

既婚者、独身者、それぞれの強み

協力者を見つけることが大事だ、と言った。

東京などの大都市圏から地方に移住してうまくいっている人を見ると、夫婦で協力して飲食店などを開いている例が多い。２人で力を合わせてやれるのは強い。

特に、慣れない土地で頼れる人が少ない中、人生のパートナーが一緒にがんばってくれるのがどんなに心強いか。

僕と妻もそうだったが、夫婦の一方が商売を起こして失敗しても、相方のほうにかいしょうがあってどうにかなるという組み合わせ。これも強い。

僕の場合は、会社を起こしてまもなく妻が妊娠して想像していた未来とは違ったのだが……。

では、独身者は不利なのか？　というと、これがそうでもない。

独身者には独身者の強みがある。

それは、「どう転んでも、自分一人を食わせるぐらいは何とでもなる」という腹のくくり方をできること。実際、どうにでもなるのだ。

最初に述べたように、地方には仕事はある。狙いどおりにいかなくても、何かをやって食いつなぎながらまたチャンスを待てばいい。

僕の場合も、「いざとなったら妻に養ってもらおう」と本気で考えていたわけではない。

どちらかというと、妻は看護師という仕事を持っていて1人でも食べていける人だから、最悪自分だけを食わせられればいいというのが安心材料になった。その点では独身者が感じる気楽さに近いものがあったかもしれない。

とにかく、結婚している人、していない人、どちらにもそれなりの強みがあるから、安心してほしい。

住みたい場所から考えてみる

僕の場合は、ひょんなことから学生時代を過ごすことになった高知と、就職してから再び縁が深まった。結果、この地で起業することができた。

運がよかったし、ありがたいと思っている。

一方で、何となく地方に移住してみたい、そこで仕事をしてみたいと思ってはいても、「ここだ!」という出会いにはなかなか巡り合わない、という人も多いだろう。

行き先の選択肢が出てこないために、なかなか計画や行動が前に進まず、憧れの段階で止まってしまっているというのはよく聞く話だ。

僕からアドバイスするとすれば、あまり難しく考えないこと。

「一番行きそうもないところへ行こう」といういい加減な考えで、高知の大学に進学したのが、僕の場合はきっかけになった。

まずはそれくらい気軽に考えてもいいのではないだろうか。

たとえば、寒さが苦手な人は、南に行くことを考えてみる。逆に、夏ごとに暑さにへきえきしている人なら、北に目を向けてみる。

サーフィンが好きな人はサーフスポットを基準にして候補を選んでみる。人に引っ張られてみるという手もある。たとえば、配偶者の地元はどうだろうか。街を歩いているとき、たまたま見かけたアンテナショップに入ってみて、自分に合いそうかどうか確かめてみる。

一度でも「住んでみたい」と思った土地があるなら候補に入る。

当たり前の話だが、今、ここで移住先を決めなさい！　と迫られているわけではない。まずは縁をつくる、そのきっかけを起こすことが大切だ。

気楽に、気楽に考えよう。

◉レッスン

仕事のことは横に置いて、住みたい場所を思い浮かべてみよう。

できれば、近いうちにその地を訪れてみよう。頭の片隅で、そこに住むことを軽くシミュレートしながら。

可能性を広げる旅の仕方

もちろん、旅行をしてみるのもいい手だ。

どこに行っても、何かいいものは見つかるものだ。

僕の場合は、最初に高知で見つけたいいものは、「ごはんがうまい」ということだった。

学生時代の僕は寮とパチンコ屋の往復のような生活だったから、旅行なんてしていない。高知県内の有名な観光地でさえ、ほとんど行ったことがなかった。

だから、旅の大切さに気づいたのは、経営者になってからである。

経営者団体の用事などで、いや応なしに全国を飛び回らざるを得なくなった。

そこで気づいたのは、「都道府県によって、こんなに人の考え方に違いがあるのか」ということと、「地元」のはずだった岐阜について僕は何も知らないということだった。

岐阜県民はどんな気性なの？　と聞かれても答えられない。

それはそうだろう。両親とも岐阜県出身ではなく、名古屋に通勤する父親の都合で、岐阜に生まれ育っただけなのだから。

極端に言えば、岐阜について「名古屋に通いやすくて、土地が安い」というイメージしかないといってもいい。「地元」なのに。

だから、「郷土愛」と呼べるほどのものは、僕にはない。

こういう人は、決して少なくないのではないだろうか。特に大都市圏のサラリーマン家庭で育った人には多いはずだ。

ところが、全国の経営者たちとつきあってみると、みんな郷土愛が強くて驚いた。

わかりやすい例を出そう。

僕が入っていたある経営者団体の中に、「薩長土肥の会」という、鹿児島・山口、高知・佐賀の経営者たちのグループがあった。ご存じのとおり明治維新を推進した有力な藩があった土地だ。

ある日、別の団体の集まりに出席しているときに、『薩長土肥の会』というのがあって」と何げなく話したら、相手の顔色が変わった。「俺は山口がだいっきらいなんだ」。福島の人だったのだ。

こちらもよく知られているように、福島にあった会津藩は、戊辰《ぼしん》戦争で薩長を中心とする新政府軍と戦った因縁がある。

いずれにせよ、百年以上前の話である。

いまだに「薩長土肥」で集まるのも、戊辰戦争の恨《うら》みを忘れていないのも、郷土愛のなせるわざだ。

それが、僕にはとても新鮮に感じられたのだ。

日本は狭いようでいて、土地によって非常に多様性がある。

一方、「地元」と自分の結びつきは、必ずしも深くはない。だからこそ、他人の「地元」もフラットな目で見ることができる。僕には「○○県のやつはだいっきらいなんだ」といったこだわりは、よくも悪くもない。

この2つのことに気づいて、僕はますます旅をするのが面白くなった。

常に新しい発見があるからだし、それは即、ビジネスの可能性を広げてくれるヒントでもある。

あなたも、そんな意識を持って旅をしてみてほしい。

必ずしも遠くに旅する必要はないし、広範囲を回らなくてもいい。「地元」と思ってきた土地にさえさまざまな発見があるはずだから、盆、暮れの帰省だっていいチャンスになる。

「水が合う」という言葉があるように、何となく居心地がよいと思える場所を探す意識を持ってほしい。

居心地というのは、食べ物とか気候とか、人々の性質やことばといったいろんな要素が絡まる複雑なものだから、自分の直感を信じること。

一方、どこに旅をするかを選ぶ段階では、客観的な指標を頼ってもいい。気候もそうだし、僕の場合だったら、これから移住するなら南海トラフ巨大地震の影響が少ない場所を選ぶ（高知県はもろに影響を受けるけれど）。

こうした基準を持っていくつかの土地を訪れてみて、感覚を研ぎ澄まして現地を体験してみよう。

◉レッスン

もともと旅行が好きな人は、どうかそのまま、楽しく旅を続けてほしい。

あまり旅行をしない人は、とりあえず旅行サイトに登録してみよう。うるさいくらい旅行のお誘いのメールを送ってくれるから。

今やっている仕事の延長線上で

住みたい場所の次に考えるべきことは、何をしたいかだろう。どんなビジネスをするか、どんな仕事に就くか。これは、起業するのではなく、地方で就職する場合も同様のはずだ。

一番おすすめしたいのは、

「今やっている仕事の延長線上の仕事を探す」

これである。

そのほうが持っているスキルや経験を活かしやすいし、成果が出やすいし、長い目で見れば自己肯定感にもつながることはすでに述べたとおりだ。

とはいえ、せっかく新しい一歩を踏み出そうとしているのに、今までとまったく同じことをやるのでは面白くないだろう。特に、今の仕事がつらいという人にとっては、同じ仕事をするなんて考えたくもないことかもしれない。

だから、「今やっている仕事」ではなく、その「延長線上の仕事」なのだ。

たとえば、こんな感じだ。

業界が同じ、あるいは隣接している。これまで食品メーカーで営業をしていた人が、食品をつくる工場で働くといった例だ。

職種が同じ。これまで車を売っていた人が、農産物を売り込む営業担当になるような場合。

これまでやっていた仕事のうちの一部だけを自分のビジネスにして起業する。前職の仕事のうち、橋梁の検査を専門に独立した僕はこのパターンだ。ラーメン屋を辞めてチヤーシューの通販を始めるような例である。

これまでやっていた仕事に、その周辺の仕事も加えてみる。都会では書店に勤めていたけれど、地方で小さな出版社も兼ねた書店を開くといった例だ。


他にも、いろいろなパターンが考えられる。

要するに、自分の今の仕事と何か関連づけて考えていくのがやりやすいし、具体的な計画をひねり出しやすいということ。

逆に言うと、全然縁もゆかりもない分野で考えると、夢のような話に飛びついてしまったり、最悪の場合、有害なアドバイスをするコンサルタントやインフルエンサーといった人たちにだまされることにもなりかねない。

また、地方への移住相談を活用するうえでも、自分のキャリアと連続性のあるプランを携えておくことは大事なことだ。先方が真剣に話を聞いてくれやすくなる。


もちろん、従来の仕事とは全然関係ない仕事にチャンスがあるかもしれない。その可能性は否定できない。

ただ、そういうチャンスとの出会いは、考えるまでもなくやってくるものだから、心配しなくていい。

◉レッスン

自分の仕事の延長線上にある仕事を3段階でリストアップしてみよう。

ステップ1　自分で今、思いつく転職先や起業のネタを思いつくままにあげてみる。

ステップ2　同じ会社から転職したり独立したりした人が、どんな仕事に就いたか、思い出してみる。

ステップ3　あなたの勤め先と取引のある企業はどんな事業をやっているだろう。メインの事業ばかりでなく、全部調べ上げてみよう。

「荒廃するアメリカ」が教えてくれること

「荒廃するアメリカ」という言葉がある。

１９８０年代に深刻な問題になったアメリカにおける道路・橋梁などインフラストラクチャーの老朽化のことをいう。

そもそもアメリカでインフラ整備が進められたのは世界恐慌（１９２９年）後のこと。ニューディール政策の中で大規模公共事業が数多く行われたのだ。

その頃につくられた橋が建設後半世紀を経て、一気にガタが来たのが１９８０年代だった。

ニューヨークのマンハッタン島のような人口密集地域でも橋が通れなくなるほどの損傷事故がいくつも起きた。

にもかかわらず補修予算は十分ではなく、「崩壊」状態が21世紀まで尾を引いた地域も少なくない。

「荒廃するアメリカ」の状況を見て、「日本もいずれそうなる」という予想はインフラに関わる専門家や企業の間で共有されていた。

アメリカのニューディール政策に対応するくらい日本でインフラ整備が進んだのはいつか。1950年代から70年代にかけての高度経済成長期だ。

高度経済成長期から数えて半世紀後というと、だいたい2010年以降。

「その頃から、日本でも一気にインフラの老朽化問題が顕在化する」とはいわれていた。

僕は2000年に就職して、橋や道路の補修をしたり、そのための材料を売ったりする会社で働いてきた。

インフラの補修には、莫大な予算がつく。ただ、あくまでもそれは、問題が起きたから、たとえば橋が落ちたから補修工事の予算がつくというあと追いだ。

はるか前から「荒廃するアメリカ」が警鐘を鳴らしていたのに「あらかじめ点検して問題が起きる前に直していく」という考え方は生まれなかった。役所の仕事の仕方も旧態依然だった。

そして、僕が起業した4年目の2012年の12月、中央自動車道笹子トンネル天井板落下事故が起きた。

日本でもインフラの老朽化問題が顕在化しはじめたのだ。

それも、見えている問題はごく一部にすぎない。

報道されないだけで、日本各地の人里離れた土地では少なからず橋が落ちている。直す予算も壊す予算もない。通行止めにして放置されている。

これが長く続く「荒廃」になってしまうかどうかは、この問題にどう対処するかにかかっている。

起業するに当たって、僕に最初から立派な考えがあったわけではないことは何度も書いたとおりだ。

とはいえ、僕が起業して仕事を続けてきた背景には、時代の流れと社会のニーズも確かにあった。

大事なことは、時代の流れもやがて生まれるニーズも「荒廃するアメリカ」の頃から業界内では、はっきりと予測されていたということだ。

こうした「明確で悲観的な予想」は、おそらくどの業界にもあるはずだ。あなたが今働いている業界でも。

わかってはいても、何となく「今までどおりの仕事をやっていけたらいいな」と思っている人、現実を直視しない人が大半なのもどこも同じだろう。

けれども、確実に問題が起きるということは確実に需要が生まれるということだ。インフラにガタが来るなら、検査や補修の需要がまちがいなく生まれるようにだ。

もしもあなたが、今携わっている業界の悲観的な未来を直視して、そこで生まれる新たな需要を見つけられれば、それもまた有望なビジネスのヒントになる。

◉レッスン

自分が仕事をしている業界についてでも、日本の経済や社会についてでも、あるいは世界全体についてでも、悲観的な未来予測に触れたら、

「未来に問題が起きたとき、そこで生まれる新たな需要は何だろう？」

と考えてみよう。

悲観的な未来予測から、新しいビジネスを構想する癖をつけるようにしよう。

第４章

一人で起業するためのメソッド――事業計画書はいらない

資金50万円からスタートした僕の成長記録

前にも書いたけれど、僕の会社は資本金50万円からスタートした。特に深い考えがあったわけでもなく、商売を始めようとしたときに貯金が50万円しかなかった。

資本金は1円でもいいと知ったけれど、それじゃあまりにもかっこ悪いからというので、貯金額をそのまま資本金にした。

そのくらいの行き当たりばったりなスタートだった。

「会社のつくり方」とか「起業マニュアル」みたいな本を読むと、必ず

「事業計画書をつくりなさい」

と書いてある。

事業計画をまとめることによって、自分のやろうとしている商売の問題点はどこか、準備が不足してないかといったことが明らかになり、より成功が近づく。

何より、銀行から融資を受けたり、自治体の補助金をもらったりする手続きで必要になるから。

僕の読んだ「会社のつくり方」の本にも書いてあった気がする。

でも、僕は事業計画書をつくらなかった。何のためにつくるのかわからなかったからだ。

銀行から融資といわれても、「銀行？　給料が振り込まれるところでしょ」という感じだったし、「日本政策金融公庫」といわれても、「ニュースで聞いたことがあるかも」くらい。補助金なんてまったく念頭になかった。

僕があまりに無計画だから、前職の上司や先輩は、「売り上げ目標もないような会社、すぐつぶれるぞ」と正しい説教をしてくれた。僕はといえば「よーし、じゃあ売り上げ目標なしで絶対につぶさないようにしてやるぞ」と闘志を燃やした。

そんな感じで、行き当たりばったりでやってきたけれど、何とかなっている。

もちろん、こういうやり方が正しいと言うつもりはない。

むしろ、僕は社長になってからようやく学んだけれど、これから起業する人はやっておいたほうがいいよということはお伝えしていきたいと思う。


ただ、準備に完璧を期すあまり、一歩を踏み出せなくなってしまうのはもったいない。

やりたいことがはっきりしていれば、必要な情報は走りながらでも入ってくる。

難しく考えなくても、できることの隣に、ちょっとずつできることを増やしていけば、成長は続けていける。

そんな気楽な姿勢も大事だということを、まず言っておきたい。

そのうえで、この章では地方で一人で起業するための具体的なメソッドを説明していこう。

自治体の移住相談を活用前に、どうしてもやっておいてほしいこと

第1章でも書いたが、全国の自治体が、東京の一等地で高い家賃を払ってアンテナショップを開いている目的の一つは、地元で働いてくれる人材を集めることである。

2023年現在の日本で、人手不足は全国的な現象だ。大都市でも、「人手が足りない」といわれている。地方ではどんなに大変か、想像がつくだろう。

だから、各自治体は真剣に移住や就労、場合によっては起業を呼びかけている。あなたの住みたいと思った土地も例外ではないはず。

基本的には、これに乗っかってしまえばいい。

そういうと、「そんなにうまくいくか?」という疑問を持たれると思う。

確かに、「相談に行ってみたけど、自分に合う仕事がなかった」みたいな話はしばしば聞く。

本当に人を呼びたいのか？　と思わせるくらい、「地方の人間関係の大変さ」などのネガティブな話ばかりを担当者から聞かされたという話も、真偽はわからないが耳にしたことがある。

何事も一回でうまくいくとは限らない。相談に行ったとしてもうまくいかない可能性は当然ある。それも想定しておくことはもちろん必要だ。試行錯誤が成功への道なのだから。

相談してみて、合わないとか不親切だなと感じたら別の候補地を当たればいい。別の機会にもう1回相談してみたら、感じのいい担当者に当たるかもしれない。

こうした試行錯誤の重要性を強調したうえで、移住相談を上手に活用するためのコツも紹介しておこう。

このコツを押さえておくだけで、相談の成果が驚くほどアップする。しかも、全然難しいことではない。

そのコツとは何か。最近体験した、あるエピソードを紹介するのがわかりやすいと思う。

その日僕は、大阪で開催される高知就職・転職フェアに参加していた。高知県が大都市からの移住・転職者を呼び込むためのイベントで、地元企業の一つとしてブース出展していたのである。

資本金50万円で、事業計画書もなしに始めた会社が今や「高知代表」のような顔をしていると思うと、われながら不思議な気がする。

隣のブースには、県内でも有数の木材屋が入っていた。

ちょっと暇になった時間に、隣に来た相談者の話をさりげなく聞いていると、どうやらその人はもともと高知の人らしい。Uターン組である。「高知に帰って、林業をやりたいんです」などと言っている。

それを聞いて、僕は「おいおい」と苦笑してしまった。

木材屋は木を扱うわけだし、もちろん林業との関連はある。しかし、当たり前だが、林業とは別の仕事だ。林業をやりたい人が、就職・転職フェアで材木屋に相談するのは筋違いだ。迷惑なんじゃないだろうか？


こういうのが合理的な、いわば都市のビジネスパーソン的な発想である。

しかし、世の中はそういう思考様式、行動様式の人ばかりではない。

相談された木材屋の担当者は、迷惑がるどころか、「あ、それなら」と、当たり前のように説明を始めた。高知の林業事務所では人材育成に力を入れているから、無料で技術を学んで資格もとれる制度がある。まずはただで勉強して資格もとって、先のことはそれから考えればいいいんじゃないですかと話していた。

相談した人は、教えてもらったとおりに県の林業事務所に連絡すればただで勉強ができる。しかも、そこで学びながら地場のつながり、業界内のつながりをつくることができるだろう。

あとはその流れに乗っていけば、希望どおりに仕事に就ける。

木材屋は林業志望の人にアドバイスをしてもメリットはない。

しかし、地方の人というのは教えたがりである。なおかつ、地方には濃密な人間関係がある。

木材屋なら、林業関係者の知り合いも多いのは当然だろう。

濃密な人間関係＋教えたがりな気質＝こんな人を知りませんか？　と聞くとすぐ教えてくれる、つなげてくれる。

このことを覚えておいてほしい。これが移住相談を活用するコツだ。

具体的には、できる範囲でいいから、自分がその土地で起業するために、会いたい人、会ったら有益そうな人を調べておく。

たとえば、自分がやりたい事業を古くからその土地でやっている人。

あるいは、すでに都会から移住して、起業して面白い商売をやっている人。

就職したいなら、その土地で自分に合いそうな会社でもいい。どれも、ネットで検索すればそれらしき人は見つかるはずだ。

そして、相談会ではその人につなげてもらえないか、それとなく聞いてみよう。


「自分は編集者なので、そちらに移住して、出版社を起こしたいと思っています」

「そういえば、ネットで見たんですが、そちらには○○社という、面白いタウン誌を出している出版社があるそうですね。社長さんは東京からIターンされたらしいじゃないですか」


こんな感じだ。

結果的に、目当ての人につなげてもらえる場合もあるだろう。そうでない場合でも、担当者はあなたがどういうことをしたい人なのか、どんな人につなげたらいいのかがわかる。そして、自分の知っている範囲で、適切な人につなげてくれるはずだ。

つなげてもらったら、あとはその流れに乗っていけばいい。どんどん人とのつながりができていく。

人とのつながりといっても、都会での名刺交換みたいなものとはちょっと違う。

誰かとつながったら、仕事や暮らしに直結するのが地方の人間関係だ。

◉レッスン

さっそく検索してみよう。

あなたの住んでみたい土地で、あなたのやってみたいビジネスをしている人、会社、都会から移住して事業をやっている人などなど。

「移住の失敗」のほとんどは、相談できる人とのマッチングの失敗

移住相談のコツは、行き先の土地の相談できる人にマッチングしてもらえるように誘導することだと理解していただけたと思う。

相談できる人とマッチングできれば、その先はいい感じに人間関係が広がっていき、仕事にもつながっていく。トラブルや問題はときどきあるにしても、基本的には流れに乗っていけばいいというイメージだ。

逆に言うと、地方移住の失敗とは、ほとんどの場合は適切な人とのマッチングの失敗だといっていい。

憧れの地方暮らしを始めた人が地元住民とうまくいかず、ついには「村八分」になって……というような話もネット上でときどき目にする。たいていは誘致する自治体が地

元の有力者的な人につなげる手間を惜しんでいたり、移住者本人が有力者との関係を軽視していたり、が原因になっているものだ。

こういうと、やっぱり地方は息苦しいなと思われるかもしれない。

とはいえ、僕のように上司の机はたたくし、どこに行っても「態度がでかい」「先輩を先輩とも思わんやつ」などと評価される低協調性のよそ者でも、うまくやれていることを忘れないでほしい。

土地との相性に気をつけ（地方でも都市部と農村部はもちろん違う）、あとは一定程度の気遣いができればそう心配することはない。

そもそも、あなたが「何をしたくて、誰とマッチングしてもらいたいか」という問いを持って相談しないと、担当者は何をしたらいいかがわからない。

わが県はこんなにいいところですよ、自然も豊かですよ、こんな仕事がありますよ、こんなサポートを用意していますよといったカタログ的な話をするしかない。そんなことじゃなく、少しでも実のある話を……と思った結果、「地方は気楽だと思ってると大変ですよ」と説教じみた話になってしまうこともあるだろう。

移住相談の対応が悪かったという体験談の裏には、「相談する側が明確な問いを持っていない」という問題も多々あるだろう、と僕は考えている。

だから、仮説でもいいから「誰とつなげてほしいか」という極めて明確なニーズを持って相談することが大事なのだ。

なお、ここまで人とのマッチングの重要性を説明してきたが、マッチングするまでもなくコネクションがあるなら、それはいうまでもなく強い。

都会で働いてはいるけど、地元とのつながりも維持してきた人が、Uターンするような場合。

配偶者の地元の居心地がよくて——つまり、幸運にも水が合って、移住を考えている人。

そういう人は、とてもラッキーである。せっかくのコネクションをフル活用してほしい。

どうやって地元の人とうまくやっていくか問題

せっかくだから、移住志望者が一番気にしているかもしれない、この問題についても話しておこう。

これも、コツは一つだけだ。

いや、コツはいっぱいあると思うが、考えすぎてもしんどくなるだけである。とりあえず一つだけ気をつけておけば何とかなる。

「自分の地元では」という話をしないこと。

これである。

当たり前だが、その土地ならではのやり方、考え方がどこにでもある。外から見たら奇妙でも、ローカルな慣習や伝統には、それなりの文脈と合理性がある。それをよそ者に否定されたら、誰だっていい気はしない。

もっとわかりやすく言うと、転職してすぐは誰でもその会社のやり方を学ぶはず。前の職場のやり方を初日から振り回すやつはいない。それと同じことである。

だから、「うちの地元ではこうやってる」という言い方は決してしない。あるいは「東京（大阪でも福岡でも同様で都会であれば）ではこうやっている」もダメ。

逆に、「こちらでは、こんな場合どうするんですか？」とばかみたいに質問することを習慣にしよう。

前述のように、地方には教え好きが多い。喜んで教えてくれる。教えてもらうほど、地元になじめる。気に入ってもらえる。もちろん有益な情報が手に入る。いいことずくめである。

とはいっても、教えてもらったことをうのみにせよということではない。

教えたがりはそこら中にいるのだから、同じことでもいろいろな人に「これって、どうするんですか?」と聞いてみよう。それぞれ言うことが違うこともあるだろう。

さまざまな情報ソースを突き合わせれば、まちがった情報を修正できるし、みんなが口をそろえて言っているので信頼性が高そうといった判断もできるようになる。


僕は岐阜の出身だが、岐阜に対して愛郷心とか、地元意識のようなものがほぼなかったのは前に書いたとおりだ。

これが幸いした。

「俺の地元では」と言おうにも、「俺の地元」のやり方がわからない。「俺の地元」といえるのかどうかも怪しい。

協調性に欠けるタイプではあったけれど、「俺の地元」を振り回すこともなかったおかげで、何とか受け入れてもらえたわけだ。

だから、自分には郷土愛を抱けるほどの「地元」がないという人は、移住先でうまくやるための強みを持っている、と思っていい。

もちろん、仲よくなってから、「あなたの地元ではどうしてるの?」「東京だとこういう場合どうするの?」と知恵を求められたら、そのときは自分のわかる範囲で話せばいい。ただし、控えめに。

その競争、本当に必要?

都会のやり方を振り回さないということと関連して、大都市では当たり前とされている「ビジネスの常識」も疑ってかかることをすすめたい。

僕の会社「インフラマネジメント」と同じ仕事をしている会社を、僕は「競争相手」と思ったことはない。むしろ、他社のテリトリーに踏み込まないことを注意深く心がけている。

簡単に言えば、「うちに発注してみませんか? 安くしておきますよ」という営業はやらないということだ(というか、営業自体をほぼやったことがないのだが)。

いつも頼んでいる○○社が忙しすぎて手が回らないのでというお客さんから、臨時に依頼がくることはある。その場合は、もちろん手が空いていれば喜んでやらせてもらう。でも、「次からは○○さんじゃなくうちで」とはならない。むしろ「○○さん大変ですね。また手が回らないときはお手伝いさせてください」という関係をつくりたい。

要するに競争をしたくない。

現代日本は自由な社会で、資本主義社会で、となれば当然市場原理で、競争するのが当たり前ということになっている。

本当にそうか？　と思う。

僕の実感では、競争原理を働かせても何の得もない。他社よりも安い料金で営業をかけて、仕事をとったとする。

競争に負けた他社が損をしただけに見えるかもしれない。実は自分たちも損をしている。しばらくすれば、そのお客さんは「よそはもっと安くするって言ってるけど、値引きできないの？」と言ってくる。

他県の業者が高知に進出してくる場合もある。実際、僕の会社に頼んでいたクライアントがそちらに流れることもある。ここで値引きをして対抗するか？　僕は絶対にしない。『「インフラマネジメント』は相見積もりをとれば値引きする会社だ」とレッテルを貼られるだけである。

「よほど値引きをしたくないんだな」と思われたかもしれない。

図星である。見積書を2回つくるなんて面倒くさくて勘弁してほしい。

ビジネス環境の変化が激しくて、毎月のオフィスの家賃だけでも莫大なお金が出ていく都会とは、地方はスピード感がまるで違う。

大都市ではして当たり前の競争が、地方では「こんなところで勝ち負けを競っても意味がないよね」という話でしかなかったりする。

その営業、本当に必要？

当たり前といえば、
「会社は自社の商品を売るために営業をするのが当たり前」
「会社には営業部門があって当たり前」
という常識もある。

僕の前職では、自治体からの発注で工事をする仕事がメインだった。つまり、役所が主な顧客だ。

こういう会社がどんな営業をしているかというと、基本的には、いわゆるルートセールスのようなことをしている。役所の担当者を回って名刺を置いてくるのである。

そんな「営業」仕事があると知ったとき、僕の感想は、
「それって仕事なの？」だった。

仕事だ、と胸を張って言っている営業担当が、どうにも理解できなかった。

高知営業所で一緒に仕事をした「提案営業」の先輩からはたくさんのことを学ばせてもらったけれど、そういう人は僕の知る限りでは他には見当たらなかった。

こういう経験のせいなのか、僕は会社に営業担当がいることが当たり前とは思わない。

経営学だと、営業部門はプロフィットセンター（利益を生み出す部門）の代表に分類される。これも常識だ。

けれども、僕の会社では、利益を生み出しているのは現場で作業する社員であり、お客さんに納品する報告書や提案書をつくる社員である。ここに営業担当を加えるとしたら、経理や人事などのコストセンターの人員を増やす感じに近い。

もちろん、営業部門を持つことで、ばんばん売り上げや利益が増える会社はそれでいい。

また、僕も「営業はいらない」と決めつけているわけではない。これから営業部門をどうしていこうか、どんな人を雇うべきかということはいつも考えているし、試しに営業担当を雇ってみたこともある。

だが、やっている商売や規模、置かれている環境によっては、「うちの会社には営業はいらない」ということも十分あり得る。

特に地方で、「自分が食べていければ十分」という考え方で起業する場合には、「その営業、本当に必要?」という視点は常に忘れないほうがいいだろう。

◉レッスン

営業担当を雇わないで会社の売り上げを伸ばしていく方法をシミュレーションしてみよう。

社長自ら営業する?

ネット特化型証券会社や保険会社のように、ウェブで集客する?

コネクションで仕事を増やしていく?

柔軟に考えてみよう。

同じことを、さまざまな「会社の常識」でもやってみよう。それ、本当に必要?

安定収入と上得意には要注意

何度も言っているが、僕は新卒で入った会社にはとてもお世話になっている。橋梁点検という今の商売につながるスキルを学べたことはもちろん、大学院に行っている間、その後の1年間もアルバイトとして雇ってもらい、生活することができた。

じつは、起業してからもお世話になっている。会社を始めて最初の1年間は、前職場が現場監督の仕事を継続的に発注してくれた。これが毎月の安定収入につながった。

アルバイトを辞めても、今度は外部の業者として使ってもらえたわけだ。とてもありがたかった。

にもかかわらず、僕は1年ほどで前職場からの依頼を断る方向に進んでいった。このやり方では危ないと思ったからだ。

仕事をもらえるのは本当にありがたいけれど、前職場からの依頼をこなしていると、他の仕事をする余裕がほとんどなかった。

一人の会社だから、別の社員に任せるというわけにもいかない。

だから起業した当初から、自分で担当できない仕事は下請け業者に発注していたほどだ。もちろん、単価の安い仕事で、人に頼むと利益はほとんどなかったけれど。

これの何がまずいかというと前職場が最大の「上得意」で、売り上げの9割くらいをもらっているという状況なわけだ。

何か事情が変わって前職場からの発注が止まったら、売り上げがほとんどなくなることになる。

安定しているように見えて、極めてリスキーな状況である。当時の僕は知らなかったのだが、のちに経営者仲間から教えてもらった格言がある。

「上得意の売り上げ比率は、30％を超えたら危険」

僕の会社を気に入って、安定的・継続的に、まとまった量の発注をもらえる「お得意さま」がいるというのは、うれしいことだ。心強いともつい思ってしまう。

どんな上得意でも、いつ自社の商品を必要としなくなるかわからない。他社に流れてしまうかもしれない。人間同士だから関係が悪化することもあり得る。

そのときに、一発で売り上げの数割が飛んでしまうというのは、おそろしい。

ちなみに、サラリーマンは勤めている会社に毎月の「売り上げ」の１００％もらうのが当たり前だ。この感覚で商売をすると、危ない。

今、僕の会社では、一番の上得意でも、売り上げに占める割合は十数％というところだ。

経営者としては当たり前の心がけなのだろうけれど、実際に起業してみると、資金繰りに追われたりして、目先のお金のことしか考えられなくなる人も珍しくない。

上得意には要注意というポイントはぜひ覚えておいてほしい。

忙しいときは電話には出るな！ いつでも即対応はまちがい

一人で会社を起こして、一人で仕事をしていた時代に困ったのが、すぐ電話してくるお客さんだった。

とにかく、何か疑問が生じるたびに電話してくる。多いときだと、着信が1日に20回とか30回に及ぶこともあった。

一人でやっている会社だから、僕が作業をして成果物を出さなければ売り上げにならない。

にもかかわらず、パソコンに向かって作業しているときなどに電話をかけてこられたら手が止まってしまう。１日に30回手が止まったら、ほとんど仕事にならない。まして、現場で作業中に手が止まるのがどれだけ困るかという話である。

というわけで、僕はこのお客さんからの電話をほとんど無視した。何回着信があろうが気にしない。電話に出ない。

その代わり、半日に１回くらい、こちらから「どうしました？」と電話するのである。するとお客さんは、10回分の電話で聞こうとした疑問点をまとめて話してくれる。なかには、お客さんのほうで自己解決している疑問も少なくない。

このほうがずっと効率的だ。

お客さんには「僕、携帯持っていません」「用があったら会社にかけてください」など適当なことを言っていた。もちろん会社にかけても誰もいないか、僕が黙々と作業をしているかなので、電話はつながらないのである。

でも、半日に１回の折り返しで十分納得してもらえたので、それでよかったのだろう。

一人で商売をやるなら、電話で作業を中断されないようにすることは本当に大切だ。

営業をやっていた人に多いのだが、お客さんからの電話にいつでも即対応するのが仕事だと思っている人がいる。社長一人の会社でこれをやってしまうと、とてもまずいので気をつけてほしい。

◉レッスン

最近はあまり携帯に電話をかけてくる人は多くないかもしれない。

むしろ、公私ともにLINE（ライン）を使うことが増えているのではないだろうか。

どこかで1日、いや半日でもいいから、LINEのメッセージを完全に未読無視する訓練をしてみよう（実は僕も苦手なのだが）。

オフィスは無駄か？

地方で起業すると考えたときに、メリットの一つとして「賃料の安さ」を思い浮かべる人は多いだろう。

実際、僕の会社では、デスクの幅は１５００ミリか１８００ミリ、大きなディスプレイでゆったりと仕事ができるようになっている。デスクを選ぶときに幅１２００ミリのものもあったので、こんな小さい机をどうするんだろうと思ったら都会のオフィスではそれが普通という話だった。

そんな窮屈なオフィスでも、借りようと思ったら高知市の僕の会社のオフィスの何倍もの賃料を払わないといけないわけだ。

というわけで、地方の家賃コストの安さの恩恵を十分に受けているのだが、にもかかわらず、僕は、「家賃って、会社経営をするうえで一番無駄なお金なんじゃないだろうか」

と以前から思っていた。
以前からというのは、コロナ禍でテレワークが一般的になるよりも前から、ということである。

作業用のデスクは広くて使いやすいほうがいいに決まっているのだが、そもそもそこに来て作業をする人がいなければ机は不要だ。

いや、そもそも出社してくる社員がいなければ、オフィスを借りなくていいのでは？

こんなふうに考えてしまうのは、もともと現場に直行直帰が当たり前という仕事をしていたせいもあるかもしれない。

僕の会社でも、現場で作業した社員は直帰することも多い。現場から帰ってきて、30分座っていたらもう業務終了時間だったり。そのためのデスクが本当に必要だろうか？

そんなことを考えつつも、「オフィスは必要ない」と結論を出したわけではなかった。

とりあえず、社員が現場から会社にいったん戻ってこないで、直帰できる仕組みをつくるにはどうしようかと考えてみたけれど、やり方が思いつかない。

そうこうしているうちに、コロナ禍になった。

Ｚｏｏｍ（ズーム）をはじめとして、テレワークを可能にするツールがいきなり普及した。

それらを使うことで、僕の会社でも、あっという間にテレワークは可能になった。

では、いよいよオフィスをなくせるかというと、そうはなっていない。やっぱり今のところは直接顔を合わせることの重要性も感じるからだ。

というわけで、社員はテレワークも選択できることにして、出社日数は義務ではなく「社長が寂しがるから週に半分くらいは顔を出して」ということにしている。

僕の経験から言わせてもらうと、社員数が10人に達するまでは、みんなで顔を合わせることの重要性はとても高い。

その場にいなかった人が「聞いていない」「自分は知らなかった」と疎外感や反感を持ってしまった場合。

直接話さなかったために行き違いが生まれ、対立が起きてしまった場合。

いずれも、10人未満のチームにおいては、全体に与える悪影響が致命的だ。

だから、社員数が10人を超えたら、あとは人数が増えるごとに、顔を合わせることの重要性は激減していく。

僕の会社の従業員数は23人だから重要性は減ってきたとはいえ対面コミュニケーションが大事なことに変わりはない、といったところだろう。

さらに、この先がある。僕にはまだ経験がないので、他の経営者の話を聞くなどして推測していることだが、社員が50人を越えると、再びみんなで顔を合わせることの重要性が跳ね上がるらしい。

そのくらいの規模になると、「普段顔を合わせない」「どんなやつか全然知らない」といった人が出てきてしまうからだ。これを放置しておくと、おそらく会社にとって大きな損失になる。

その先、社員が100人、1000人になってからのことは、まだ想像するのも難しい。でも、全国に支店があるような大企業の社長がいつも飛び回っているのは、おそらく会社の一体感を維持するための何らかの活動を行っているのだろう。

◉レッスン

起業したい土地の不動産の賃料を調べたことはあるだろうか？

まだだったらぜひ、リサーチしてみてほしい。

仕事に必要そうなオフィス、店舗物件。

当面は自宅と仕事場を兼ねてというつもりの人なら、それなりの広さのある貸家やアパートの相場、格安物件はないかなどを調べてみよう。

移住と起業のイメージが急に鮮明になるのを感じるはずだ。

地方におけるDXとICTの本当の導入法

今は政府が旗を振って、「DXで効率化」「ICTで生産性アップ」といったことを盛んに推し進めている。

すでに言ったように、僕自身がオフィスの必要性に懐疑的なこともあって、僕の会社は在宅ワークが可能になっている。

ちなみにオフィスはフリーアドレスである。といっても、みんなどうしても自分のお気に入りの席をつくってしまうようで、あまりフリーアドレスらしい使い方はされていないけれど。

社内の情報共有にはグループウェアを使っているし、お客さんに送る見積もりや報告書などの成果物については、僕がチェックして承認したら勝手に送られていくようなシステムも導入した。

これからやろうとしていることとしては、現場での調査データや進捗情報、その他のデータをタブレットで社内共有できるようにすること。

実現すれば、本当にオフィスがいらなくなるかもしれない。

このように、僕の会社はそれなりにＤＸ（Digtal Transformation：デジタルトランスフォーメーション、デジタル技術で生活をよりよいものへと変革すること）やＩＣＴ（Information and Communication Technology：インフォメーション・アンド・コミュニケーション・テクノロジー、情報通信技術）に対応していて、政府の推進する方向性に対応できているほうなのではないかと思う。

ただ、地方におけるＩＣＴ活用、ＤＸという場合、本当に劇的な効果をもたらすのは、もっと別なことなのではないかと思っている。

今、地方の中小企業がよくやっているのが、内閣府が推進している「プロフェッショナル人材事業」の活用だ。

主に都市部で普段は仕事をしている高度な専門性を持った人材を、週に1日とか2週間に1回とかだけ招聘して、仕事をしてもらう。

たとえば、技術はあるのにどうも売り込みがうまくいかなくてという地方の工場が、普段は東京で働いているマーケティングのプロを週1だけ雇うといった感じだ。

僕も、分野によってはプロの手を借りたいことがある。周りの社長たちはこの制度を活用しているようなのでちょっと注目している。面白いのは、どこの会社も必ず遠方のプロフェッショナル人材に高い交通費を出して来社してもらうことだ。

もちろん、最初くらいは会ったほうがいいだろうし、現場に来てもらわないとわからないことだってあるだろう。しかし、毎回東京から来てもらうというのはどうなのかと思う。

「Ｚｏｏｍじゃダメなのか」と思うのだ。たとえば僕の会社の財務をプロフェッショナル人材に見てもらうとして、会社の数字さえちゃんと見てもらえばＺｏｏｍで話せば十分じゃないかと思う。

おそらく、地方企業のＤＸ、ＩＣＴ活用が本当に力を発揮するのは、ここだろう。都会の人材を必要なときだけ、移動のコストなしで使うために、デジタルを活用するということだ。

日本経済の全体的な流れからすれば、お金は足りないし、働く人も足りないという状況は続く。これからもっと厳しくなっていくかもしれない。地方では特に深刻な問題になるはずだ。

だからなるべくコストを削減して、少ない人数を上手に活用するという流れは避けられない。

だから政府はＩＣＴだ、ＤＸだと盛んに訴えているのだ。

僕が仕事をしている公共インフラの点検、整備という分野でも、「本当は人の目で見るのが一番なのだけれど」と言われつつも、次第に機械を使った点検へと移行していくだろう。ドローンビジネスに参入したのは、人手を使えない時代への対応という意味もある。

好き嫌いとは関係なく、新しい技術への対応はせざるを得ない。地方でこそ、その必要性は高い。

だったら、どうしようもなくなってから何とかしようとするのではなく、今のうちに積極的に取り組んでおいたほうが得だろうと僕は考えている。

成長イメージの描き方

事業計画書さえ書かなかった僕である。

意識の高い、立派な起業家たちのように、「ビジョン」なんてものは持っていなかったのだ。

「10年後、どんな会社になっていたいか?」を考えろ、なんてこともよく言われるけれど、そんなに先のことは考えられなかった。

もちろん、こういう志を持つのがいけない、と言っているのではない。

むしろ、あったほうがいいと思う。志がある人は立派である。自分にもあればよかったと思うが、実際には会社を始めて何年もしてから、ようやくぼんやりと「ビジョン」「志」のような何かが見えてきたというのが正直なところなのだ。

そういう会社でも、それなりに成長してきて、今では社員数が23人になっている。目標がなくても成長してこられたのは、遠くを見るのではなく、すぐ隣を見てきたからかもしれない。

今やっていることの隣に、仕事の幅を広げられないかという視点だ。

僕の会社では、ずっと橋梁点検をしてきた。橋が老朽化して悪くなっていないか、どのくらい傷んでいるか、補修の必要がないかを点検する。

想像してもらえればわかるが、この技術は川に架かる橋だけでなくて、道に架かる橋、歩道橋にもそのまま応用できる。

歩道橋の点検も仕事に加える。

そういえば、道路には信号機も立っている。持っている技術を応用すれば、信号機も点検できそうだ。信号機の点検も仕事になる。


基本的にはこういうことである。同じような「すぐ隣の分野に応用」というやり方は、たいていの仕事で成り立つのではないだろうか。

地元の人に長く親しまれている町の中華料理店にはオムライスもソース焼きそばもカツカレーもある（そしてそれが妙においしかったりする）ものだが、あれもきっと、お客さんのニーズに応えて隣へ隣へと技術を応用していった結果なのではないだろうか。


気をつけなければいけないのは、他社の縄張りを侵さないことだ。

ここでも、やたらと競争などしないことが大事である。

歩道橋にしても信号機にしても、もともと点検をする業者は決まっているのである。

そこに、「うちもできますよ」と売り込んだわけではない。たまたま、その業者の手が回らないときに話が来ただけだから、喜んでお手伝いさせてもらいますということになった。

お客さんのニーズに応えて、他社の縄張りを侵さずという心構えでゆるゆると仕事を増やしてきても、それなりに成長はできた。

いや、無理な売り込みや争いをしなかったからこそ、今日までやってこられたというべきなのかもしれない。

運は見つけるものである

こうして振り返ってみると、僕は運に恵まれていたと思う。

運というのは転がり込んでくるものではなく、自分から見つけるものだと考えている。

運を見つけるために、具体的に何をやればいいのか？　については気づいたことがあ

る。

前職を辞めるときには、上司にこう言われた。

「うちよりヘボい会社に就職したら承知せんぞ」

確かに、大学院に入って学位までつけたのに、転職先がいまいちでは格好がつかないなと僕は思った。

上司の言葉が納得できたのである。「ヘボい転職はできないな」と思い込んだのだ。現実的には、大学院を出てフリーターになった30歳の男を雇ってくれる会社は、なかなかない。

どうしようかと思っていたのだが、起業したことで、いつの間にか問題は解決した。転職ではなく起業なんだから、自分のつくったばかりの会社は小さくても、前職の大企業と比較するようなものでもない。違う土俵に上がってしまうようなものだ。

つまり、ヘボい会社には就職できない。しかし転職は難しいという行き詰まった状況に置かれたからこそ、起業するという道を見つけることができたのである。

前にも書いたけれど、起業準備をしているときに、「売り上げ目標もない会社はすぐつぶれる」と先輩に言われた。

このときは何で売り上げ目標なんてものを立てないといけないのか、どうしても納得できなかった。

だから、「よーし、じゃあ売り上げ目標を立てずに会社を経営して、絶対につぶれないようにしてやる」と決意した。

「絶対につぶさない」と思い定めたことで、会社を続けられるための運の糸口を次々と発見できたように思う。

資金繰りが厳しくなったときに救い主が現れたり、自分に足りない部分を学べる経営者仲間との出会いがあったりといったことだ。

要するに、僕は思い込みが激しい。「絶対にいい転職先を見つけなきゃ」とか、「絶対につぶさないぞ」とか、自己暗示に近いくらい強く思い込んでしまう。

ところが、現実は自分の思い込みどおりには動いてくれない。当たり前だが。自分の思い込みと、現実との間に大きなギャップが生まれる。ピンチである。この追い込まれた状況に、必死になって打開策を探す無意識の脳の働きが、「幸運」としかいいようのない何かを見つけ出してくれるのだろう。

◉レッスン

現実離れした望みでも、自分が本当に「こうなってほしい」と思うことは、大事にしよう。

その思いが、幸運を見つけ出すセンサーになる。

公然と目標に掲げなくてもいい。誰にも見られない手帳やスマホの中にでも、自分の望みを書き留めておこう。

一人でやるとすぐ「無敵」になれる

起業する、会社をつくることは会社員経験が長い人からすると、とてもリスキーなことをしようとしているように見えるのかもしれない。

実際は、起業という発想が出てくる時点で、ある程度「何とかなるのでは？」という見通しが、本人の頭の中にはあることが多い。

僕の場合もそうだった。

看護師の妻に食わせてもらおうとまで甘いことを考えていたわけではないが、僕の商売がいまいちでも妻は自力で食っていけるから心配ない。

とりあえず、僕は自分を食わせればいいのだと思うと、どうとでもなるように感じられた。

もしも、一人で会社をつくるのではなくて、親から事業を引き継いで、従業員たちに給料を払っていかなければいけないという境遇だったら、僕はとても社長なんてやれなかっただろう。

知り合いにもたくさんいるが、２代目、３代目社長たちは本当に偉いなと尊敬してしまう。


起業というと大変なことのように思えるが、自分一人を食べさせるくらいの商売は、意外に簡単にできてしまうものだ。

特に地方でなら、東京のような大都市とくらべて家賃をはじめとする固定費が圧倒的に安いから、ハードルはより低くなる。

だから、一歩踏み出しさえすれば、「自分一人だけなら無敵」状態にはすぐなれてしまう。その点は楽観的に考えても大丈夫だ。

問題は、その先なのである。

僕の体験だが、人を雇って会社を大きくしていく過程で死ぬほどの苦労をした。

改めて言うまでもないが、人を使うということはとても難しい。

特に僕は、その方面の才能がなかったから、本当に大変だった。どう大変だったかについては、次の章で見ていくことにしよう。

◉レッスン

自分が生活していくのに、毎月最低いくらお金があればいいか、計算してみよう。できれば、移住したい土地の家賃の相場をもとに計算してみよう。

最低これだけ稼げばいいと把握することで、最初にどの規模で商売を始めればいいか、どのくらいの貯金を用意すればいいか、などなどが見えてくる。

第 5 章

会社（チーム化）して、さらにパフォーマンスアップする

社長の日常はこんな感じ

僕は毎朝、3キロほど離れた自宅から自転車で通勤する。自転車通勤も徒歩通勤も、こちらでは少数派だ。たとえ1キロ程度でも、車に乗る人が多い。

オフィスに着いてまずやることは、メールのチェックである。

だいたい70〜80通のメールがたまっていて、9割はしょうもないものなので即削除する。

9割はしょうもないのなら、メールチェックなんてやめてもよさそうなものだが、そうもいかない。

いらないメールを削除して受信ボックスをすっきりさせる、この作業をしっかりやらないと、大事なメールが埋もれて痛い目に遭うこともよくある（おそらく、あなたも同じような経験があると思うが）。

というわけで、メールチェックには毎朝20分ほどかける。

現在、僕は現場での仕事には基本的にタッチしていない。報告書などの成果物、見積もりなども自分ではつくらない。

社員から上がってきたものをチェックして決済するのが仕事だ。だから、実務は何もしていないといえなくもない。

僕の会社のように社員20数名くらいの規模の会社だったら、社長は先頭に立って現場で働いているところも多いだろう。

僕の場合は、これまた運よくというべきか、早い段階からスムーズに現場から手を離すことができた。

実務にタッチしない社長が、では何をやっているか。

時期によっていろいろだが、この本を書いている2023年6月には、2週間ほど高知を離れていた。

京都へ行って、沖縄へ行って、その後東京へ。次にサイパンに飛んで、神戸に行って、大阪に行って、また東京に行って、高知に戻った。

このときだけでなく、僕は割といつも全国を飛び回っているし、しばしば海外にも行く。人によっては、「仕事もしないで遊び回っている社長」に見えるかもしれない。とんでもない。じつは、僕が全国を飛び回っていることこそ、社長の一番大事な仕事なのである。

社長の仕事はブランディング

たとえば今回の出張では、東京と大阪のUターン・Iターン就職希望者対象のイベントに出展している。

地元の有名企業に混じって、高知を代表する会社の一角に食い込んで僕の会社「インフラマネジメント」の名前を売ってきた。

沖縄では、同じ公共インフラ整備関係の仕事をしている会社を訪問した。

ＰＦＩ（Private Finance Initiative：プライベート・ファイナンス・イニシアティブ、民間の資金を活用して公共インフラ整備を行う手法）の導入が沖縄では活発なようだ。おそらく全国に波及するだろうと感じた。

全国を飛び回って僕がやっている仕事というのは、簡単に言えば２つだ。

①会社のブランディング。平たくいえば、「インフラマネジメント」の知名度を上げる活動

②会社の仕事を広げる活動。新規事業開発まではいかないけれど、そのためのヒントを見つける調査

この２つの仕事が、会社での僕の最も大きな役割だと思っている。

どちらも、すぐに成果が出るような仕事ではない。いきなりお金に変わるような仕事でもない。

だからこそ、5年先、10年先を見据えてやらなければいけない仕事なのだ。

どこかに仕事が落ちてないかな

学生時代は出無精だった僕が、会社を始めてから全国を飛び回るようになったという話は前にした。経営者になってからの旅行、出張も、以前と今現在とでは性質が変わっている。

青年会議所など経営者団体の活動を始めてしばらくは、人脈を広げ、強化するという意識で出かけていた。

たまたま会合で知り合った人に「今度遊びに行きますよ」と社交辞令で済ませずに、広島だろうと北海道だろうと本当に訪問するわけだ。

おかげで、随分と人脈は広がったし、それは大きな財産になっていると思う。

今は、「どこかに仕事が落ちてないかな」と探すつもりで動いている。

というと、「いい儲け話を探している」と思われるかもしれない。それとはちょっと違うのだ。

じつは、以前は普通に「儲かりそうなビジネス」を探していた。

今やっている仕事とは全然畑違いの分野であっても、今後伸びる可能性のあるビジネスがあれば挑戦してみたいと思っていた。

実際、インフラや土木とはまったく違う新事業を試験的にやってみたこともある。

やってみてわかったこと。

ちゃんと市場リサーチして、「儲かる」と判断できた商売なのだから、僕にやる気があれば儲かる。

しかし、「儲かりそう」という理由で始めた商売では、やる気が起きないのだ。短期的にはともかく、長期的にはうまくいかないだろうと僕は判断した。

という経緯があるので、今僕がやっている「どこかに仕事が落ちてないかな」は、「儲かりそう」な仕事を探しているわけではない。

もちろん、ビジネスとして成り立つだけの収益性は必要条件ではあるけれど、それが主ではないということだ。

大事なのは、僕の会社の従業員の個性を活かせる仕事であること。

あいつがいるからこんな仕事ができるんじゃないか。

○○さんの強みをもっと活かせる新事業って、これじゃないか？

要するに、「インフラマネジメント」がやる意味のあるビジネスを開拓していきたいと思っている。そんな視点で始めたことの一つが、ドローン事業だ。

すぐに利益が出ない事業もやるべき

もともと、ドローンには注目していた。

僕の会社の本業の橋梁点検では活用というより、今後は使わざるを得なくなっていくだろうと思ったからだ。

橋や道路など公共インフラの維持管理は絶対に必要な仕事だが、少子化で働き手は少なくなっていくし、特に地方ではその影響は深刻だ。

自治体の予算だって、これからはもっと厳しくなりコスト削減が進む。

そうなると、今までは人の目で見ていた作業を、ドローンに搭載したカメラで見るということも多くなっていくのはまちがいない。

そんなことをぼんやり考えていたので、ドローンの展示会には以前から毎年通っていた。

そこで出会った業者からお話をもらって、とりあえず僕の会社でドローンスクールを始めることにした。

このスクール自体は、売り上げも小さいし、収益で見たら今のところ会社のお荷物である。

しかし、これから本業にドローンを使っていくにしても、あるいはドローンを使って新しいビジネスに挑戦していくうえでも、ノウハウを蓄積しておくことの意味は大きい。

また、法改正などもあってここ数年はドローンは話題になりやすい時期だった。ドローンスクールを始めた会社があるということになれば、それだけでメディアやウェブで取り上げてもらえることも増える。

実際、ささやかながらドローン事業を始めたことで、「インフラマネジメント」という名前がある程度広がったという実感がある。

ドローンを飛ばして橋梁点検をしている様子を画像や動画で見せると、かなりインパクトがあるようで、注目してもらえることも多い。

大事なのは、必ずしもしっかりした計算のもとに動いているのではないことだ。

「ドローンがこれからますます使われるようになるよな」

という予測は、かなり確信に近い。といっても、ここまでは誰でも思いつくだろう。

今のうちにドローン関連で何かしておこうと思っても、うまいやり方は思いつかない。とりあえずドローンの展示会には足繁く通うということをしただけだ。ドローンを僕の会社で使おうと思っても、まだ現時点ではノウハウもないので、具体的なやり方は思いつかない。

「どうしようかな」と思っていると、向こうから「ドローンスクールをやりませんか」というお話が来たので、とりあえずやってみるという感じだ。

今のところ、ドローンで遊んでいるのに近いけれども、すでにかなり有能な広報や営業くらいの宣伝効果はあげてくれているし、近い将来には必ず僕の会社のビジネスを広げてくれるだろうと思っている。

◉レッスン

これからの10年間のビジネス環境の変化を考えてみよう。

スケールは自由。

世界レベルで考えてもいいし、日本でも、自分がビジネスをしようとしている商圏について予想をするのでもいい。

そのうえで、どんな分野が成長しそうか、思いつくままに列挙してみよう。

その中に自分が興味を持てそうなもの、ビジネスにする意欲を感じるものがないか、考えてみよう。

経営者なのに、人を使うのが苦手

現場を社員に任せて、会社が次の10年で進むべき道を模索するのが、僕の仕事だ。

今のように、本業の実務についてはほぼ人に任せられるようになるまでの道は、決して順調ではなかった。

むしろ、僕は人を使うのがとても苦手だった。最初のうちは、人を雇っても全然その力を引き出せなかったし、人を育てるなんてとてもじゃないが無理だった。

けれども、今となってみると、人を使うのが苦手だからこそ、現場から手を離すことになったといえなくもない。

そのあたりの事情を話してみようと思う。


僕の会社で初めて人を雇ったのは、起業して2年目のこと。

一人でやっていた会社ではあったけれど、当時の売り上げは4000万円ほどあった。といっても、体は一つしかないから、僕がふさがっているときには他の現場には下請けの業者に行ってもらう。

その外注費がかかるわけで、売り上げは大きくてもそれほど利益は出ていなかった。

そんな中で、いよいよ社員を雇おうと考えたわけだ。

採用したのは前職の会社で先輩の現場スタッフをしていた人。もともと仲がよく、ちょうど会社を辞めるというので、僕の会社に来ませんかと声をかけた。

ところが、一緒に働き始めてみると、この先輩が仕事をしない。

前職で、フラットな立場で一緒に仕事をしていた分には、ざっくばらんでいい先輩だと思っていたのだが、いざ僕が指示を出す立場となると、言ったことをやってもらえないことがしばしばあった。

それでは仕事にならないので、まもなく解雇してしまった。

すぐに、ハローワークに登録して、求人。また1人雇った。

今度も土木系で、現場監督などの経験がある人だ。とはいえ、僕の会社には入ったばかりで、わからないことだって当然ある。

けれど、僕はあくまでも、

「一人では1現場しかできない。人を雇って2現場回せるようにしたい」

と思って採用している。

入ったばかりのその人に、僕は当たり前のように現場を任せてしまった。当然、問題が発生する。

ところが、当時の僕はなぜうまくいかないのかわからなかった。

僕ができるから、現場監督の経験がある人なら当然、このくらいのことはできるだろうと思ってしまった。

「何でこんなこともできないの？」

と叱責することが何度か続いた。

半年くらいして、やはり現場で不具合が起こったとき、例によって「どうしてこんなまちがいをしたんだ？」と問いただすと、彼は僕が理解できないことを言うだけだった。その後、まもなく辞めてしまった。

今思うと、僕に叱責され続けて、少し心がおかしくなっていたのかもしれない。僕がつぶしたと言われても仕方がないと思う。

なぜこうなってしまったのかと考えてみると、僕は本当に「できない人」の気持ちがわからなかったのだ。これに尽きる。

「できない」というのは語弊があるけれど、当時、僕がしてほしかった仕事を僕が要求する水準で遂行する能力がたまたまなかったという程度の意味だ。他の場所でなら「できる人」だった可能性もある。

僕は、自分が普通に生きてきたと思っていた。

すごい経歴があるわけでもなければ、すごい能力のある人間でもない。

みんな普通に生きてきたらこのくらいできると思ってしまったのである。

その次に雇ったのは、内勤の社員だった。今も会社に残ってくれている女性社員である。

彼女が定着してくれたのは、運がよかったからだ。

ちょうど同じ時期に、僕の会社には60代の男性が仕事の手伝いに来てくれていた。前の職場のつてで紹介してもらい、現場ではなく社内での仕事をいろいろと手伝ってもらっていたのである。この人が、初めての女性社員に仕事を教えてくれたのだ。

本来、新たに入った社員に仕事を教えるべき立場にある僕は、相変わらず「これやっておいて」と置き手紙をして現場に出てしまう。この人がうまくフォローしてくれなければ、おそらく彼女も辞めていただろう。

こうして、会社に内勤のスタッフが常時いるようになった。ようやくお客さんからの電話を普通に受けられるようになったのである。

◉レッスン

仕事において、自分が当たり前にできることをすべてリストアップしてみよう。

今のところ、それはあなたの強みだ。あなたにとって当たり前でも、誰もが同じようにできるわけではない。

いずれ人を雇うようになったとき、そのリストは逆に弱みを教えてくれる。他人に「これくらいできて当たり前」を押しつけていないか、チェックするのだ。

全力でやり続けると「ムダなこと」はなくなる

会社を起こして4年目の2013年に、高知青年会議所（高知ＪＣ）という団体に入った。

ちょうどその頃、会社の定款を変更しなければいけなくて、司法書士に依頼する機会があった。その司法書士がロータリークラブの会員だったのである。

「坂元さん、どこの団体にも入っていないなら、うちのロータリーに入りませんか」と誘われて、「確かに」と僕は思った。横のつながりが、前職以来の業界内のつきあいしかない。ここで人脈を広げておくのも手かもしれない。

とりあえず「考えさせてください」と返事をしておいた。

何日かして、たまたま同年代の下請け業者に「ロータリーに誘われている」という話をしたら、「坂元さん、30代前半でロータリーに入るやつはおらんぞ」と言う。

彼は青年会議所に入っていた。「まずは青年会議所に入って、その後にロータリーに入ればいい」と、こっちでも思わぬ誘いを受けた。

当時の僕は、ロータリークラブとか青年会議所（ＪＣ）といった団体がそれぞれどういう特色を持っているのかも知らなかった。

ただ、やっぱり横のつながりをつくるのは悪くないと思った。それともう一つ、僕的にはより重要な動機として、同年代の社長がどのくらいの給料をもらっているのかを聞きたいと思った。ついでに、社員を雇ったらいくらくらいの給料を払うのが妥当なのかも僕の悩みだったから、それについても教えてくれる人がいたらいい。

そう思った僕は、青年会議所に入会することにした。

といっても、経営者仲間から学びたいという謙虚な気持ちとは程遠い。

正直なところ、最初から他の会員を下に見ていた。「こいつらはばかだ」と。

青年会議所の会員は２代目、３代目社長が多い。ぬくぬくと何の苦労もせずに育って、暇があるからこんな活動に精を出している。

自分の大変さはこいつらにはわからない。忙しいのにおまえらの活動に協力してやってありがたく思え。当時はそのくらいに考えていた。

完全に嫌なやつである。「じゃあ入るなよ」と、当時の僕を叱りつけてやりたい。

そんな嫌なやつが、「態度がでかい」と言われつつも居づらくならなかったのは、根が真面目だからだ。「やれ」と言われたことはやるからである。

他の会員たちは、「これやっといて」「これお願いします」と青年会議所の雑務を頼まれてもやらないことが多い。僕は言われて、引き受けたことは「何で俺がこんなことを」などと心の中で毒づきながらもやってしまう。

態度が悪くて嫌なやつだけど、言われたことはちゃんとやるから、青年会議所内の仕事を頼まれることが多くなる。頼まれたらまたやる。この繰り返しで、どうやら自分なりの居場所を確保できたということなのだろう。

そうこうしているうちに、2代目、3代目社長たちへの見方も少しずつ変わっていった。もちろん給料の額も聞くことができた（僕は今でも、知り合いの社長たちの給料額にはかなり詳しい）。苦労知らずだと決めつけていたけれど、彼らには彼らなりの大変さがあることがわかってきた。

「自分の大変さはこいつらにはわからない」と思っていたのが、「自分には2代目、3代目はとても務まらない」と思うようになったのだ。

ほとんどの創業者は、「今現在、世の中に必要とされていること」に気づいて起業する。僕だってそうだ。今必要な商品やサービスを売るから儲かる。ある意味で当然のことだ。

ところが、創業から20年、30年たって、2代目が事業を受け継ぐときにはどうか。創業者が「これだ！」と思ったニーズがそのままあるとは限らない。いや、よほど運がよくない限りはニーズは減っていく途上か、すっかり目減りしてしまっているかだ。

つまり、創業者の時代にくらべてはるかに儲けるのが難しいところからスタートするのが、2代目や3代目だったら普通なのだ。

僕だったら、そんな割の悪い役からは逃げる。別の事業をするだろう。まるでメリットが感じられないからだ。

それでも、家業を守る、古くからの従業員やお客さんの信頼と期待に応えるといった思いで経営する2代目、3代目、4代目は偉い。

もしかしたら、「うちの事業はもう世の中に求められていないんだよ」なんて言ったら、親父さんと大げんかになってしまうから黙っているだけなのかもしれないけれど。

こんなふうに、経営についての考えが徐々に深まる一方で、青年会議所での僕の仕事はどんどん増えていって、役職も重要なものが回ってきた。

相変わらず「何で俺が」と文句を言いつつ、言われたらやってしまう性分のせいである。

3年目には、理事という役職を引き受けて、各都道府県の青年会議所を束ねる日本青年会議所という団体に出向することになってしまった（会社員でも公務員でもないのに出向というのはなかなかない経験だと思う）。

それまでもかなり忙しかったけれど、月に2回くらいは全国どこかに出張しなくてはいけない。他にも理事の仕事が週2くらいで入って、これがまた大変。

青年会議所での仕事が忙しすぎて、平日でも現場に行けない日が出てきてしまった。

そのときも、現場で働く社員が1人いた。もしも彼に辞められてしまったら、青年会議所の用事で留守がちな社長と、事務員が1人で電話番をしているだけの会社になってしまう。本業が立ちゆかなくなるのだ。

思えば、このときが僕にとって大きな転機だった。

本業そっちのけで経営者団体の用事に時間や労力を割くなんて、無駄に思われるかもしれない。

それも、適当にやっておけばいいのに、根が真面目なものだから、引き受けたことをちゃんとやろうとしてしまう。

本当に大変だった。

けれども、たとえはたからは無駄なことに見えても、真剣にやっていると無駄ではなくなる。そのことを、僕はこのあと思い知ることになった。

◉レッスン

あなたがやってみたいと思っているビジネス（ちょっと思いついたレベルでも構わない）の背景には、今の世の中のどんなニーズがあるのか、説明できるだろうか。考えてみよう。できれば書き出してみよう。

現場から手を離せた本当の理由

もう「何でできないんだよ」などと社員を叱っている場合ではないと僕はようやく気づいた。

そこから僕は「何でできないんだよ？　と問いただす」姿勢を「何とかして仕事をしてもらう」姿勢に切り替えた。

社員の仕事ぶりを見ながら、相変わらず心の中では「何でこの程度のことができないんだよ」とののしっているのだが、口では「ありがとう、助かる」と褒めて持ち上げる。

「あと、これもやっておいて。お願いします」と低姿勢で頼む。

とにかくおだてて、持ち上げて、仕事をしてもらうようになった。フラストレーションはたまるけれど仕方ない。

面白いもので、そうやって何とか仕事が回るようになると、かつての僕の失敗に気づき、悔しさが湧いてくる。

以前に採用して、僕が「つぶして」しまった彼は、今思えばかなり優秀でポテンシャルがあった。仕事をまったく教えもしないで、できないことを叱るなんていう扱い方を、どうしてしてしまったのか。

まだまだへたくそではあったが、僕は人を使うということに関して、明らかに今までとは違う方向に一歩踏み出せた。

その理由が、青年会議所での仕事が忙しすぎたからなのだ。

幸運といっていいのかわからないが、この後も流れはいい方向に向かった。

出向した日本青年会議所でも、相変わらず言われたことを真面目にやってしまうものだから、僕はどんどん偉くなってしまうのである。

偉くなるといっても権力が手に入るわけではない。よりいっそう全国出張が増えて、会社にいない、現場に出られない日が増えるだけなのである。本業ができない日が週2から週3になり、週4になり、ときどきは週5にもなった。

ちょうどこの頃、今では僕の会社の番頭格になっている大学の同級生が入社してきた。彼の前職はIT系の会社で、現場監督の業務はもとより建築や土木といった会社での仕事経験がゼロだった。

にもかかわらず、彼はいきなり現場を任されて、何とかしてしまったのである。一人で現場を担当できるようになったのはもちろん、新たに入った社員を指導することもできるようになっていった。

一方、社内には初めて雇った女性社員が、内勤全般を取り仕切ってくれる。しかも彼女は僕と違って優しいので、あとから入ってきた事務の社員は全然辞めない。

こうして、徐々に社員が増えていった。ときどき現場に行くと、相変わらず僕は人の「できていないところ」ばかりに気づいてしまう。

でも、さすがにもうこの頃になると、僕が口を出さないほうがいいことがわかっている。

僕のように結果だけを見て叱るのではなく、細かくサポートしながら仕事を指示し、教えられる社員がもういるのだ。

というわけで、僕が現場から手を離せたのは成功談ではまったくない。

むしろ、青年会議所での仕事が忙しくなって、僕こそが社員が定着しない原因だと気づかされ、自分は現場に出ないほうが会社のためになると悟った結果だ。

そして、幸運にも有能な人材に恵まれたからなのだ。

青年会議所がらみでは他にも収穫があった。

災害支援の部門で責任者を引き受けたときのこと。例によって引き受けたからには真剣にやってしまうので、風水害に遭った地域に物資を運んだり、募金をお願いして回ったり、全国を大忙しで駆けずり回っていた。

あるとき、たまたま会った関係者が「孤立した集落に支援物資を運ぶのに、ドローンを使えませんかね」と話していた。

このとき、僕の頭の中に映像がぱっと浮かんだ。山奥にある老朽化した橋の姿と、そのすぐそばに浮かんでいるドローンの姿だ。

橋梁点検にドローンを使えると気づいたのはこのときのことだ。何でも真剣にやっておくと無駄なことはなくなると改めて思う。

◉**レッスン**

あなたの商売を、他人に代わりにやってもらうとしたらどう教えるか。

簡単でいいから、マニュアルや研修の構成を考えてみよう。

「ずっと一人でやっていくつもりだから、必要ない」と考える人も、ぜひ試してみてほしい。

予想外の出来事で、自分が動けなくなることもあり得るのだから。

それに、自分のビジネス（プラン）を客観的に見直す機会にもなる。

会社に貢献できない社員は1人もいない

僕が本当の意味で「どうしてできないんだ？」式の考え方を脱却できたのは最近のことだと思う。

よほど人格に問題がある人でもない限り、自分が勤めている会社に不利益をもたらそうと思って行動するはずがないのである。

みんなよかれと思って行動を選択し、実行する。このことを認めないといけない。

結果的にそれが失敗につながったとして、「どうしてこんなことをしたの？」と問いただすのはいけない。

その人は、よかれと思ってやった、その気持ちまで否定されたと感じるからだ。

「再発防止のために原因を明らかにしようとしているだけで、責めているつもりはない」というのはきれい事で、そういう本人だって逆に「どうして?」と問われたら反発するものなのだ。

だから、「こういうつもりでやってくれたんだよね。ありがとう」と伝えないといけない。原因の究明や改善策の指示はそのあとだ。

「みんなよかれと思ってやっているんだ」

というのは性善説。ややきれい事に聞こえるだろうとは思うが、僕にはとても納得できる考え方だ。

正直、「何でできないんだ?」と責めたいのをぐっとこらえて褒めておだてて、というレベルでやってきて、「何で俺がここまでしなきゃいけないんだ」とフラストレーションがたまったりもしていた。

それが、この性善説が腹に落ちたことで、とても楽になった。最近の大きな変化だ。

◉レッスン

自分の失敗に関しては、厳しく批判してもいいと思う。
ただし、その場合でもよかれと思って行動した自分の気持ちだけは否定しないように。
これも自己肯定感を守るために大切なことだ。

社員とのコミュニケーションには限界がある

性善説に深く納得する一方で、僕は人間の限界についてやや悲観的な考え方も持っている。

社長をしているとよく聞かれるのが、こんなことだ。

「だんだんと会社が成長してきて、組織が大きくなっていく中で、社長が目指す会社の方向性を社員のみなさんに共有してもらうのは大変でしょう？」

おそらく、社員みんなに「会社のミッション」やら「会社の理念」やらを「共有」してもらうために、一人一人と密なコミュニケーションをとったり、さまざまな工夫をされているんでしょうねという含みがあって、こんなことを言うのだと思う。

じつは、この点に関しては、僕はかなりドライに考えている。

どんなにコミュニケーションを努力しても、社員と目標や価値観を共有する、一致させるということはできない。

また、そんなふうに他人を変えようとするのは傲慢でもある。僕自身、入った会社で「うちの方向性はこれだから、理解せよ」と命令されたら嫌だ。

だから、会社の動きに一体感を出す、チームワークを高めるためには、最初から僕と同じ志を持った人、同じとは言わないまでも似た価値観を持った人を雇う、これしかないのだと思う。

僕の会社は地方の小さな会社で、求人をかけても100人集まるということはない。人手が足りないときには、応募してきた人は全部ほしいと思うこともある。

それでも、これからの採用に関しては、今言ったような意味で、僕の会社と方向性や価値観をもともと共有できる人を選んでいこうと思っている。

逆に、その部分で相性が悪いならば、どんなに優秀な人でも力を発揮してもらうことはできないからだ。

すでに会社に入っている人に関しては、こうした選別を必ずしも経ていない。だから、会社あるいは僕の考えとのズレがあるのは致し方ない。それでも働いてくれていることに感謝して、うまくやっていく努力をするしかない。その責任は当然、僕にあると思っている。

◉レッスン

社員にどうしても共有してほしい価値観、ビジョン、志といったものがあるなら、今のうちにしっかりと自覚しておこう。

外に向けても発信できるように、言葉にして記録しておこう。

会社が「大きくなってしまう」問題

「これだけマネジメントに苦労するなら、会社を大きくしないという選択肢もあったはず。一人で働いていても、自分と家族は食べていけるのではないか?」

そう思われるかもしれない。

確かに、「自分一人が食っていく分には無敵」という段階には、比較的簡単になれてしまうものだ。

その先は会社を大きくせず、社長一人の会社としてマイペースでやっていくという道はあり得る。

ただし、「一人でやっていこう」と思っても、意外と簡単ではないということは知っておいてほしい。

僕の場合も、どこかで「会社を大きくしていこう」と決意したわけではない。

お客さんの要望が勝手に増えてしまって、一人では仕事をこなせなくなる。そこで、社員を1人、2人、3人と雇っていく。こうして自然に人数が増えていった。

今思えば、5人程度の会社のままでいられたら、きっと楽だっただろうなとは思う。

しかし、ちゃんと仕事をして、お客さんの満足度を上げていると、さらに需要が増えてしまう。人数をもっと増やさないわけにはいかなくなるのだ。

これが、会社が勝手に大きくなってしまう理由その1だ。お客さんのために働いていると、人を増やさざるを得なくなる。

そうこうするうちに、社員が20人くらいになる。僕の会社がまさにこの段階だ。ここまで来ると、新たな問題が生じてくる。

社員の幸福度を上げるためには、会社としての体制を整えなければいけない。働く環境を整えたり、福利厚生を充実させたりといったことがわかりやすい例だ。そのために働く専業の社員、つまり間接部門のスタッフを雇う必要が出てくる。

これが、会社が勝手に大きくなってしまう理由その2だ。社員の幸福度を上げるためには、人を増やさざるを得なくなる。

そう考えると、会社を大きくしないのにもある種の覚悟と努力が必要だということがわかる。

いつまでも社長一人の会社でいこうとか、数人の気心が知れた仲間だけでやっていこう、それが気楽だからという発想はあっていい。

ただ、それを実現させるのは意外と大変だ。

お客さんの要望がどんなに強くても手を広げない、それでいて必要なだけの顧客との関係を維持し続ける、という難しい綱渡りをしないといけない。

油断するとすぐ人を増やさないといけなくなるし、社員が増えてくれば自動的に、社員を幸福にするための人手が必要になるのだ。


僕が会社を大きくしようと決意して、かじをとったわけではないことは理解していただけたと思う。

とはいえ、会社を大きくする必要性、必然性から逃げようとも思わない。

今の目標としては、とりあえずは50人規模の会社にまで持っていくこと。

じつは、今の23人という規模は、かなりきつい状況なのだ。このくらいの規模で、間接部門に4、5人の社員がいると、利益率がどうしても下がってしまってきつい。

本当に大変なのだ。「つぶれる会社ってここらへんでつぶれるんだろうな」と思うくらい。

これが50人規模の会社になっても、間接部門の人員を倍に増やさないといけないわけではない。同じく4、5人で回せる。すると少しは楽になるのではないか、という見通しを立てているわけだ。

今は苦しいけれど、会社の成長痛のようなものだと思って耐えるしかない。

「現状維持は衰退と同じ」の本当の意味

前項で書いたように、覚悟を持って数人規模を維持している会社は別として、お客さんや社員の期待に応える形である程度まで大きくなった会社では、

「現状維持は衰退と同じ」

と考えないといけない。

これは、そのくらい成長が大事なのだ！　何がなんでも成長しよう！　という気合を入れるためのスローガンだと思っている人が多いが、じつはもっと現実的な話である。

これも社員の幸福と関わっているのだ。

たとえば今、企業は賃上げを期待されている。物価が上がる中で、社員の幸福のためにもぜひ賃上げはするべきである。

そこで3％の賃上げをしたとする。このとき、会社の売り上げが今までどおりだったら、その分利益率は下がる。

あるいは、今でも地方では完全週休2日制になっていない企業がけっこうある。学生が卒業すると大都市の企業に行ってしまう理由の一つでもある（ちなみに僕の会社は完全週休2日制です）。

そういう会社が、若い人も採用したい、社員の満足度も上げたいからと完全週休2日制を導入したとしよう。仕事を回すためには人を新たに雇う必要が出てくる。やはり、今までどおりの売り上げだったら利益が減ってしまう。

もっと大金を稼ぎたくて、あるいは会社が大きくなること自体が快感でといった、アグレッシブな理由で成長したがる経営者ももちろんいるだろう。

けれども、それだけではない。社員の幸福、あるいは社会的責任をちゃんと果たしながら会社をつぶさないためには、成長していかざるを得ない事情もある。

会社のブランディング、新しい事業のネタ探しが僕の一番大事な仕事なのは、そんな理由からだ。

◉レッスン

職場環境や労働条件、仕事のやり方や内容などなど、会社に対して「許せない」と思ったことがもしあれば覚えておこう。
起業したあとに、社員を幸福にするためにどんな課題を解決すればいいかのヒントになる。

今やろうとしていること

今現在、僕の会社でどんな新しいことをやろうとしているのかについて少し具体的な話も紹介しておこう。

ドローンはいずれ橋梁点検に活用されるようになることはまちがいない。今は法整備が進んでいくのを待つ段階だ。

その間に別のこともというわけではないが、農業分野にドローンを活用する事業を企画している。

たとえば、田んぼの上にドローンを飛ばして、稲の生育が悪いところに肥料を重点的にまくといった使い方だ。

これは土木分野にも応用できる。

山の斜面をドローンで広く撮影すると、木がまばらな部分がわかる。そこは木の根がちゃんと張っていない＝土砂崩れを起こしやすい場所だから、早い段階で対策を打つことができる。

稲の生育にしても、山の斜面の木にしても、広い範囲を見て回らないと問題は見つからない。人が回るのでは、かなり長い期間が空いてしまう。予算も限られているし、全体を高頻度でチェックするのは無理だ。

これまでは、その点は人の経験知で補っていた。「ここらへんが危なそう」「このあたりは頻繁にチェックが必要」という具合にメリハリをつけるのである。

ドローンを使って撮影すれば、広い範囲全体を短時間で実際にチェックすることが可能になる。これを従来の経験知と合わせれば、より強力ということだ。


ちなみにこのアイデアが浮かんだのは、つきあいでゴルフに行ったときだった。

たまたま芝が枯れている場所を見つけて、「広いから芝が枯れてもなかなか気づかないこともあるんだな。どうしたら効率的に見つけられるだろう?」とぼんやり考えていたら、ドローンを使うことを思いついた。

それが農業や森林管理に結びついたのだ。

本当に、新しい仕事はどこに転がっているかわからない。

第６章

今後の地方起業ビジネス
スタートアップの可能性

高知のここが嫌だ――
あるいはビジネスの最大のリスクについて

僕はひょんなことから高知で起業して、今日までビジネスを続けてこられた。妻も高知で見つけたし、子どもも生まれて幸せに暮らすことができている。だから高知という土地との出会いには感謝している。

高知にはいいところがたくさんある。

いろいろな意見があると思うが、僕が思う一番の魅力は食べ物がおいしいことだ。それも、あの店がおいしいとか、この名物料理がおいしいとかいう話ではない。そこらへんに普通にあるものを食べれば何でもうまいのだ。

県外からのお客さんに「おいしい店を教えてください」と頼まれたら、一応は教える。でも、本心では「ホテルを出て、たまたま目についた居酒屋に入れば大丈夫です。どこでもおいしいから」と思っている。

高知の人の舌は肥えているので、まずい店はたちどころにつぶれてしまうのである。

面白いのは、高知の人たち自身は、自分たちがどれだけおいしいものを食べなれているのか、気づいていないことだ。

高知ではお隣徳島産のブランドトマトが人気で、みんなとてもありがたがって食べている。

僕からすると、高知の普通のトマトはそれに負けないくらいうまい。これは学生寮の食事に出たトマトを食べたときから感じていたことである。

でも、地元の人たちは高知産トマトより、徳島のブランドトマトを食べたがる。果物でも夕張メロンなんかが人気である。高知のメロンもすごくおいしいのに。実力はすごいのに自分で気づいていない、そしてブランドに弱い。これは高知の弱点であり、伸びしろでもあると思う。

一方、高知の嫌なところはないのかというと、これがじつはある。

太平洋にばっちり面していて南海トラフ巨大地震の発生確率が30年以内では70～80％程度といわれ、被害を避けられないだろうということだ。

日本のどの地域でも地震は起こり得るのだが……。

ビジネスにはリスクがつきものである。

というと、商品が時代と合わなくなるとか、為替レートのせいで原材料費が高騰するとか、法規制がどうの、不良品や事故が発生したらどうの、といった話だと思う人が多い。

けれども、これだけ地震が多くて、台風にも好かれている国では、自然災害こそが最大のリスクだと思ってまちがいない。

南海トラフ巨大地震が起きて高知市が津波に襲われたら、僕の会社の1階にある機材は全滅、一巻の終わりだ。

そうならないためには、どこに移転すればいいか。今、深刻に悩んでいる問題の一つである。

何度も書いたように、僕は運に恵まれて、縁があって高知で起業した。

だから、南海トラフ巨大地震を理由に「高知にしなければよかった」などと言うつもりはもちろんない。

ただ、これから住む場所、起業する場所を決めるという人には、災害の影響に重きを置いて判断してくださいとアドバイスしたい。

◉レッスン

ネットで検索して、南海トラフ巨大地震の影響を受ける地域をチェックしておこう。

そして、近年は大雨や台風などの多量の降雨による被害が大きい九州、沖縄地方にも注意。

もちろん、これらの地域には魅力的な土地がたくさんある。住みたいと思っている人も多いだろう。

そこに住み、起業するとしたらどんなリスク管理が必要なのかをシミュレーションしてみよう。

「営業」の弱さ＝地方のポテンシャル

自分たちの実力に気づいていない。だからブランディングができないし、売り込むのもへた。要するに「営業」が弱い。

これは、高知に限らず多くの地方が抱えている問題だ。そして伸びしろでもある。

もちろん、地方発で、「売り方」の工夫ひとつで成功した事例もある。

高知の名産である馬路村のゆずがそうだ。

もともと、果物として食べるには酸っぱすぎるし、種は大きいということで持て余していたゆずをぽん酢やドリンク、スパイス、さらには化粧品にまで加工して、「ゆずの村馬路村」というブランドで売り出したことで、日本中から注文が殺到するようになった。

興味深いのは、ゆずの生産なら馬路村よりも近隣の自治体のほうが盛んだったりすることだ。いかに売り方が大事かがわかる。

馬路村のゆずという成功例の背後には、まだ発見されていない未来の名産品がたくさんあるはずだ。もちろん、高知に限らず。

広く「営業」に関わる仕事をしたことがある人は多い。

そういう人が地方で起業するとしたら、こんなニーズもあることを知っておいてほしい。

◉レッスン

「どうしてこれが全国に知られていないんだろう?」

と思うような、「未来の名産品」を見つけてみよう。

そう簡単には見つからないだろうから、移住を考えている土地や好きな旅行先などで気長に探してみてほしい。

自治体は雇用創出したい

地方での起業となると、自治体からのサポートがどれだけ受けられるのかも気になるだろう。

すでに目星をつけた自治体があれば、どんな制度が用意されているのか調べてみるのは大事なことだ。

ただ、あえて「あまり期待しすぎないほうがいい」と言っておきたい。

地方は人口減少に悩んでいて、人を呼び込むためにいろいろな努力をしている。そのために、自治体がやりたいことはあくまでも「雇用の創出」なのだ。

ということは、企業を誘致するとしたら、たくさんの人を雇う製造業や流通業に来てほしいのである。わかりやすく言うと、大企業の工場に来てほしいし、工場に働く人のための巨大なショッピングセンターがセットでできてくれたら最高と思っている。

となると、僕の会社のようなニッチなサービスを提供する会社とか、これから小資本で起業しようとしている人とかには、さほど手厚い支援ができないのも無理はない。自治体も、限られた予算や人員はできるだけ効率的に使いたいのだ。

このことを理解しておけば、思ったような支援が得られなくても「仕方ない」と思える。「こっちには手が回らないだけで、別に邪険にされているわけじゃないんだ」と健全なマインドでいられる。

そういう意味で、期待しすぎないことが大事なのである。

◉レッスン

その土地で、自社がどのくらいの雇用を創出できるか考えてみよう。

あまり人は雇えそうもないとなったら、他にどんな方法で地域貢献ができるか考えてみよう。

地方では無料で手に入る意外なもの

大都市ではないところで起業してよかったことはいくつもある。

僕にとって一番大きかったのは、行き詰まったときに簡単に教えてくれる先輩経営者がいたこと。

前に書いたように、地方の人は教えたがりである。

「今、こんなことで困っている」と先輩経営者に相談すると、すぐに教えてくれる。

何しろ、会社を設立するときに銀行口座に50万円あったから、50万円を資本金にしたというくらい何も知らなかった僕だ。

銀行というのは給料が振り込まれるところだと思っていて、事業をするために銀行とつきあうという発想さえなかった。

だから、社長をやっていればわからないことだらけだ。それを教えてもらえる人がいくらでもいるというのは本当にありがたかった。

もちろん、都会には人も情報もたくさん集まっている。先輩経営者でも、きっと「すごい人」が見つかるだろう。

でも、そういう人から教えを受けるとしたらお金がかかるのではないだろうか？

コンサルタント料とか、セミナー参加費とか、コミュニティーの会費といった名目で。

都会ではメンターが見つかりやすいかもしれないけれど、無料ではないのだ。

地方は人の数が少ないから、「すごい先輩経営者」「理想的なメンター」に出会える可能性は低いかもしれない。

その代わり、ただで快く教えてくれる人がたくさんいる。

すごい人に教わるわけではないから、まちがったことを言われるかもしれない。

それでいいのだ。たくさんいる教えたがりの人たちの言葉を聞いて、情報をいろいろ集めて、取捨選択は自分でやればいい。

「すごい人」と呼ばれるような知り合いもいないわけではないけれど、僕にとっての宝は、高知で出会った普通の人たちだった。

普通だから、それこそ青年会議所に入ったばかりの時期には、はっきり言って「何でこんな人たちとつきあわなきゃいけないんだ」なんて思っていた。

だから「坂元は態度がでかい」「先輩を先輩とも思わんやつ」と言われたし、けんかをした人もいる。けれども、つきあっていくうちに、周りの人たちに助けられている自分に気づかされる。

すごい人ではなく、普通の人たちが自分を支えてくれていることに気づく。

そうやって、僕は周りの人にとがった部分を丸めてもらった。おかげで何とか生きてこられたのだ。

◉レッスン

「すごい人」の本や講演会やセミナーもいいけれど、時には近くにいる「普通の人」の言葉に耳を傾けてみよう。自分のやりたいことについて相談してみよう。

ポイントは数を撃つこと。

ネガティブなことやまちがったことを言われても、多数の中の一部なら気にならない。

地方が消滅しない究極の理由

コロナ禍以来、しばらく海外には出かけていなかった。

先日サイパンに行ったのは本当に久々の海外旅行だった。

旅行といっても、もちろん例によって「仕事がどこかに転がっていないか」を探しにいったのだけれど。

サイパンといえば、第2次世界大戦中には激戦地となり、日米双方に夥しい戦死者を出した場所としても有名だ。

僕には想像することも難しいが、国同士が時に戦うという現実がある。戦争で最前線となるのは、小さな島であったり、人里離れた地域であることがほとんどだ。

これからの世界情勢がどうなっていくのか僕にはわからない。

とはいえ、相変わらず世界中に軍事的な緊張があり、日本も無縁ではいられないことをわれわれは思い知らされつつある。

少し前までは、少子高齢化、東京への一極集中で、「地方は消滅する」とまで言われた。確かに地方の衰退は深刻な問題ではある。

けれども、地方が消滅することは決してないと現在の僕は確信している。

といっても、あまりポジティブな話ではないのが残念なのだが。

どれだけ人口が減少しようと、産業が衰退しようと、国土の隅々まで人が住んでいるということが、おそらく国防のためにはとても重要なことなのだ。

少なくとも、そこに人が住み続けられるように、道路や橋といったインフラを維持し続けるだけの防衛上の理由が国にはある。

意見が分かれることはあるにしても、今の国際情勢を見ると、おそらく「経済効率だけを考えて地方は置き去り」という考え方は支持されにくくなっていくだろう。

サイパンだって、決して産業が盛んな島ではない。

観光業だって日本からの客が減って衰退しつつある。

けれども、アメリカは高いコストを払ってあの島を守り続けている。

日本と戦争をした時代も、中国との間で太平洋地域の緊張が高まっている現在も、サイパンが戦略的に極めて重要な場所だからだ。

地方は消滅することはない。

なぜなら、残念ながらまだ平和な世界が実現していないから。

ちょっと悲しい話ではあるが、「地方は消滅する」という悲観論に対して反論するには有効だ。

どんな理由であれ、そこに人々の暮らしがあるからには、ビジネスの可能性もあるのだ。

新しいことは地方から始まる

第1章にも書いたことだけれど、地方では少子高齢化をはじめとする課題が大都市よりも先へ行っている。

問題解決のための新しい方策も、地方から先に始まることもよくある。

沖縄でＰＦＩ（Private Finance Initiative：プライベート・ファイナンス・イニシアティブ）の活用が進んでいるというのもその一例だ。

国や自治体の予算は1年ごとに作成されて議会で承認される。

基本的には、「1年で１０００万円」という支出しか許されず、「10年で1億円」という支出はできない。予算は使いきらなければいけないので、今年は１００万円だけ使って残り900万円は何かあったときのためにためておくというわけにはいかない。

しかし、現実的な要請としては、「10年で1億円」という予算があったら使い道も柔軟になるし、合計額は同じでもはるかに効率がよくなることがままある。

たとえば、橋を改修するとなったら、1億円かかることは当たり前にある。

しかし、1年に1000万円しか出せないという縛りのもとでは、10年かけて、工事を10回に分けてやっていくしかない。

合計額は1億円だが、まとめてぽんと1億円を出したときと同等のクオリティーの工事は、絶対に不可能だ。毎年現場のプレハブを建てて、壊してという手間を考えただけでもわかるだろう。10年後、改修が終わったときには、別の不具合がすでに出ていることも。

バブル期のように景気がよければ、この程度の無駄はどうということはない、むしろ地元業者に長期的に発注できるという意義さえあるかもしれない。

だが、今はどう考えてもそういう時代ではない。

この問題を解決するのがＰＦＩだ。

ごく単純化して言うと、銀行から1億円借りて工事費にし、あとは毎年１０００万円の予算を組んで、10年プラスアルファで返済していく。利息分のコストはかかるけれど、毎年１０００万円ずつ工事をするより無駄が少なくなるという狙いだ。

こういう取り組みが、沖縄で盛んになっているというのが、最近視察して地元の業者からうかがった話だった。

沖縄と同じように県民所得が低く、決して税収が豊かとはいえない高知にも、同じ流れは必ず来る。それを見越して準備をしておくことが必要だ。

そして、今のところ豊かな大都市部の自治体にも、やがて同じ波が押し寄せてくる。人口減少は避けられないし、大都市でも高齢化は十分進んでいる。

今のうちに使える対策を生み出し、試し、未来に備えるという役割を、地方は担っている。地方は日本の問題解決の実験場なのだ。

そこにプレイヤーとして加わろうとしているのが、地方で起業しようと夢見るあなたなのである。

誤解のないように言っておくが、それでもやはり大都市はすごい。情報も人も、地方とは桁違いの量で集まる。それは正直うらやましい。

いくらリモート会議の道具が発達しても、現実で人に会って得られる情報にくらべたら半分程度の情報量しかないだろう。

だから、それだけの情報を使いこなせる人にとっては、東京や大阪といった大都市こそがこれからも最適な活躍の場なのだと思う。

ところが、僕はそうではない。

電話がかかってくると仕事に集中できないので、電話をとるのをやめたほどの男である。

今だと、ＬＩＮＥの未読通知が気になる。あれが１件でも残っていると気になって仕事にならない。

だから、ちゃんと頭を使ってクリエイティブな仕事をするときには、身近にスマホは置きたくない。

おそらく、僕のようなタイプは少なくないだろう。情報が多く頻繁に入ってくることが、創造性や生産性を下げてしまうタイプ。

そういう人が、持てる力をできるだけ発揮するために、地方での起業は有利かもしれない。

大都市に比べて情報が少ない、情報にアクセスするのに手間がかかるということは、確かに不利な面もある。

しかし、あなたの頭をフル回転に近い状態に持っていくためには、もしかしたら有利な環境かもしれないのだ。

◉レッスン

次に地方から大都市に移動したときに、何にストレスを感じるか、自分を観察してみよう。

人の多さ？　騒音？　空気の質？　建物の高さ？

あなたが能力発揮の足を引っ張っている、ストレスの正体が明らかになるかもしれない。

そのストレスがなくなる場所への移住を考えてみよう。

おわりに

長々と僕の人生について語ってきたけれど、楽しんでもらえただろうか。ヒントになりそうな話はあっただろうか。

僕なりに読者に有益だと思える話をまとめてみた。

よかったら「復習」に活用してほしい。

◎第1章

・「地方には仕事がない」はウソである

アンテナショップやUターン・Iターン関連のイベント、各都道府県のウェブサイトなど、自治体がいかに人集めにやっきになっているかを実態で確認しておきたい。

・僕やあなたのような「普通の人」にも起業はできる

斬新なビジネスや大きく成長するビジネスばかりが起業ではない。

大企業が手を出さないようなニッチな仕事、地味だけれど誰かがやらないと困る仕事などこそが「普通の人」にもできる起業のタネになる。

・まずは自分が食っていくことを意識してみ

る

起業にあたって高い志を持ってもいいが、とりあえずは「いくらあれば自分ひとり（あるいは自分と家族）は食っていけるか」を考えてみる。起業について考えるうえでの精神的なハードルがぐっと下がるはず。

◎第2章

・移住先、起業する場所との出会いは縁と流れ

「どう見ても縁がなさそう」と感じたとしても、目に留まったなら何かの縁だ。すぐにはピンと来なくても長い時間をかけて縁が深まることもある。

◎第3章

・大事なのは強みよりも協力者

身の丈に合った規模で起業するからこそ周りにいる人たちの支えは決定的に重要。家族の理解を得ることや親しい友人に相談することなどを心がけよう。

・起業の場は「住みたい場所」優先で考える

下手にビジネスチャンスを探すよりも自分が住みたい場所を探して、そこでできる仕事を考えるほうがスムーズにいきやすい。旅をして「水が合う」土地を探すのがおすすめ。

◎第4章

・自治体の移住相談は「人とつながる」こと

を強く意識する

相談に行く前に自分で簡単なリサーチをして、住みたい土地でつながりたい人の目星をつけておくこと。それだけで移住相談で得られる効果は何倍にもなる。

・「教えたがり」と仲よくする

たくさんいる「教えたがり」に積極的に話を聞く。これだけで地方での人間関係はうまくいくし有益な情報もタダで手に入る。

・競争、営業、電話対応、オフィス……当たり前を疑う

小さなビジネスでは、競争をしても値切られやすくなるだけのことが多い。営業、電話対応、常設のオフィスに至るまで、当たり前とされているものが本当に必要なのかを疑おう。

◎第5章

・社長の仕事を見つける

どんな仕事を、どんな土地でするかによって社長が務めるべき役割は違う。会社の成長フェーズによっても変化する。「わが社における自分の役割」を熟考して行動しよう。

・社員とのコミュニケーションの限界を見極める

いくら丁寧なコミュニケーションをとっても社員に完全に理解してもらうことはできな

い。だからこそ「みんなよかれと思ってやってくれている」という性善説に立つほうが仕事はしやすくなる。

・会社は大きくなるもの

ちゃんと経営が成り立っている限り会社は大きくなってしまうものだと思っておく。小さいままでやっていくとしたら、そのための努力が必要になる。

◎第6章

・地方は消滅しない

そして、チャンスはまだまだある。

振り返ってみて、つくづく思うのは僕は運がよかったということだ。

だから、この本では幸運と巡り合うためにできる工夫について書いた。

僕自身は意識していなくても、他人の目から見ればヒントになる話もあるかもしれない。そう思って恥ずかしい話も含めて僕の体験談もたくさん盛り込ませてもらった。

この本を読んだことで、あなたが未来に少しでも希望を持てるようになったらうれしい。今までより広い視野で世の中を見られるようになって、自分の力を発揮できる道を見つけるきっかけになったら、これに勝る喜びはない。

あなたの幸運を心からお祈りします。

坂元陽祐（さかもと ようすけ）

株式会社インフラマネジメント 代表取締役CEO Founder。

2001年、補修・補強工事で最大手の建設会社ショーボンド建設に入社。新たなビジネスモデル構築のため5年で退職。

28歳で高知工科大学大学院に進学。

高知工科大学に入学、コンクリート劣化のメカニズムを学ぶ。

2009年5月、31歳で起業。高知市内に、土木コンサルタント業務の会社「インフラマネジメント」を設立。代表取締役となる。

現在、橋梁（道路橋）の点検・調査・補修・補強設計をトータルで請け負う会社として四国のインフラ整備に貢献している。

また、ドローンを使った点検作業にも着目し「JUAVAC ドローンエキスパートアカデミー高知校」を開校。教官として、ドローンの飛行技術を教えている。

装丁・本文フォーマット／トサカデザイン（戸倉巌、小酒保子）
出版プロデュース／株式会社天才工場　吉田浩
編集協力／水波康、川端隆人
編集担当／三宅川修慶（春陽堂書店）

まったく新《あたら》しい
「地方《ちほう》で起業《きぎょう》して成功《せいこう》と自由《じゆう》を手《て》に入《い》れる」方法《ほうほう》

2023年11月28日　初版第1刷発行

著　者／坂元陽祐《さかもとようすけ》
発行者／伊藤良則
発行所／株式会社春陽堂書店
〒104-0061　東京都中央区銀座3丁目10-9　KEC銀座ビル
電話 03-6264-0855（代表）
印刷所／株式会社加藤文明社

ISBN 978-4-394-38007-8